YOUXUANLUN KUANGJIA XIA DE TIANJIN FANGYAN YUYUAN YANJIU

图书在版编目（CIP）数据

优选论框架下的天津方言语源研究 / 路继伦 等著. —天津：天津大学出版社，2019.6

ISBN 978-7-5618-6437-1

Ⅰ. ①优… Ⅱ. ①路… Ⅲ. ①北方方言—方言研究—天津 Ⅳ. ①H172.1

中国版本图书馆 CIP 数据核字（2019）第 129328 号

出版发行	天津大学出版社
地　　址	天津市卫津路 92 号天津大学内（邮编：300072）
电　　话	发行部：022-27403647
网　　址	publish.tju.edu.cn
印　　刷	北京虎彩文化传播有限公司
经　　销	全国各地新华书店
开　　本	170mm×240mm
印　　张	11.5
字　　数	201 千
版　　次	2019 年 6 月第 1 版
印　　次	2019 年 6 月第 1 次
定　　价	49.50 元

本书是天津市哲学社会科学规划项目
（编号 TJWW16-017）的研究成果

序

关于天津方言的语源说法不一，李世瑜等确定天津方言的“母方言”就是以安徽宿州为中心的广大淮北平原的方言。对此，也有学者表示反对，认为天津方言来自淮北平原的宿州、固镇一带的方言的说法证据不足。

确定一种方言是否与另一种方言相似或相同，就发音而言，除声母、韵母的音色以及声韵配列外主要是声调和语流中的连读变调。本研究以实验语音学研究方法系统考察天津方言和宿州方言的声调系统和连读变调情况，找出这两种方言连读变调的异同。本研究运用优选论分析解释天津方言和宿州方言的连读变调现象，分析天津方言与宿州方言之亲缘关系。

本书是天津市哲学社会科学规划项目“优选论框架下的天津方言语源研究”（编号TJWW16-017）的研究成果。在本书中，路继伦负责统筹工作，第1章部分内容，第4、6章及第10章部分内容的撰写以及各章的修改工作，李哲负责第2、5、8章和第9章部分内容的撰写，王晓梅负责第1章部分内容、第7章的撰写，殷悦负责第9章部分内容和第10章部分内容的撰写，路云负责第1章部分内容的撰写并协助完成部分实验数据的分析、审核和后期的工作，第3章选自路继伦、王嘉龄等编写的《汉语轻声的优选论分析》一书，由王嘉龄执笔。本书部分章节的内容曾以论文的形式发表过或在其他专著中出现过，已在书中进行了标注。

目录

引言 …… 1
第 1 章　天津方言的声调与连读变调 …… 5
第 2 章　宿州方言的声调与连读变调 …… 25
第 3 章　优选论及分析方法 …… 55
第 4 章　天津方言连读变调的优选论分析 …… 69
第 5 章　宿州方言连读变调的优选论分析 …… 87
第 6 章　轻声与音系表达 …… 97
第 7 章　天津话轻声及优选论分析 …… 107
第 8 章　宿州话轻声及优选论分析 …… 131
第 9 章　宿州方言三字组连读变调与轻声 …… 145
第 10 章　天津方言与宿州方言声调比较 …… 163
参考文献 …… 171

引言

1. 天津话

天津市，简称津，是我国直辖市之一。天津地处华北平原，距离首都北京120千米。天津位于华北平原海河五大支流汇流处，东临渤海，北依燕山。

天津包括和平区、河北区、河东区、河西区、南开区、红桥区、东丽区、西青区、津南区、北辰区、武清区、宝坻区、宁河区、静海区、蓟州区以及滨海新区等16个区。天津方言指的是市内六区和西青、东丽部分地区居民所使用的语言。人们普遍感觉天津话与周边的方言明显不同，天津方言很像海洋中的岛屿，李世瑜等（1991）称之为天津方言岛。

2. 宿州话

宿州市位于安徽省最北部，地处淮北平原东北部，与苏、鲁、豫三省的11个市县接壤。位于淮河以北，蚌埠与徐州两市之间。辖四县一区（砀山县、萧县、灵璧县、泗县、埇桥区）。宿州地处苏豫皖三省交界处。

《安徽省志•方言志》中提到“安徽的官话方言主要有中原官话和江淮官话。中原官话主要通用于淮北和沿淮以南的部分市县，江淮官话主要通用于江淮之间和沿江以南的部分市县”。贺巍的《河南山东皖北苏北的官话（稿）》（1985）将分布在河南、河北、山东、安徽、江苏等五省内的中原官话分成郑曹、蔡鲁、洛徐、信蚌四片，将宿州埇桥区和灵璧县归到郑曹片。宿州方言属于中原官话。赵日新在《安徽省的汉语方言》（2008）中指出安徽省的中原官话分布在淮河以北和淮河南岸的26个县市，我们可以将宿州埇桥区的方言归入中原官话的商阜片。

3. 讨论问题

关于天津方言的语源说法不一。在地方志里天津曾有“小淮安”之称。天津方言在听感上与周围区县的方言存在明显的差异，因此学者们对天津方言的源流问题产生了浓厚的兴趣，出现了一些关于天津方言来源的不同说法，其中影响最大的便是李世瑜、韩根东（1991，1992）提出的“天津方言岛”说。根据“燕王扫北”之说和从语感上判断天津话与宿州话是同一种方言，李世瑜等确定天津方言的“母方言”就是以安徽宿州为中心的广大淮北平原的方言。

对此，也有学者表示反对。王临惠等（2009）认为天津方言来自淮北平原的宿州、固镇一带的方言的说法证据不足。他们认为从调类的分合情况来看，天津方言与周边的北京官话、东北官话和冀鲁官话基本一致，而宿州、固镇方言与天津方言的声调格局不一致，天津方言的“母方言”不可能是以宿州、固镇为中心的淮北平原的方言，二者之间不存在血缘关系。曾晓渝（2010）认为李世瑜等的观点发表时间较早，影响比较大，但用以支撑文章观点的明初人口来源等理由仅依据传说，没有明确的文献记载，而且仅凭语感就认为天津话与宿州话是同一种方言，缺乏细致的语言分析。谭汝为等人于2010年和2011年先后两次赴安徽宿州市、蚌埠市、合肥市，固镇县、灵璧县、凤阳县、蒙城县等地调查。谭汝为（2012）得出初步结论，从词汇上看，与天津方言相似的淮北方言以固镇、宿州和蒙城这个三角区域为中心，天津方言的母方言很可能就来自这里。从语音上看，天津话的可能来源是当时军队里通用的明代“南京”官话。经过600多年的发展演变，今天的天津话在语音上与固镇等地的方言显示出较突出的相似性。王光汉（2012）认为天津方言岛的形成与距今100年左右的淮军有直接的关系，说合肥话的淮军及大量合肥甚至合肥周边的人进入天津这一情况对天津方言的影响十分巨大是不可否认的事实。

因此，尽管各种说法从历史人口分布、词汇、语音格局等方面均加以论证过，但天津方言的母方言是否为安徽宿州一带的方言尚无统一、明确的定论。同时这些研究虽有些宿州方言音系例证，但对宿州方言音系都未曾做过较为系统的介绍与分析。

确定一种方言是否与另一种方言相似或相同，就发音而言，除声母、韵母的音色以及声韵配列外主要是声调和语流中的连读变调。本研究以实验语音学研究方法系统考察天津方言和宿州方言的声调系统和连读变调情况，找出这两种方言连读变调的异同。

李行健、刘思训于 1985 年提出天津话中有四种连读变调。之后，对于天津方言连读变调的研究风靡一时，更有“天津话连读变调之谜”一说，如 Chen，Matthew Y.（1986），谭馥（1986），石锋（1988，1990），刘思训（1993），Wee，Lian-Hee（2004），贺俊杰（2010），闫小斌（2016）等。学者一致认为天津话具有四种连读变调，低调是天津话的明显特征。天津话中两个相同的调式处于相邻位置时会发生连读变调，宿州方言是否也如此？本研究将通过考察和对比两种方言的变调条件和变调结果，从声调模式和变调规律上确定两种方言是否同源。

曹剑芬（1995）认为就声调变化而言，轻声可以看作一种特殊的变调。天津话的轻声具有明显的方言特点（王嘉龄、姜晖 1997）。普通话中轻声的音高表现随前字音高终点的变化而不同，属于语音学上的协同发音。而天津话的轻声除具有协同发音外，还受到后字的影响，如阴平前的轻声，无论前字为何调，调值都为高。这种影响是音系上的，而不是语音学意义上的协同发音，这是天津话的重要特点。本研究也将考察宿州话的轻声表现，分析其在轻声的特点上是否同天津话一致。

生成音系学理论自从 1968 年 Chomsky 与 Halle 合著的《英语音系》（*The Sound Pattern of English*）开始建立至今已有 50 余年的历史。在这期间生成音系学理论不断发展和完善，特别是其内部不断涌现出新的理论。Alan Prince 与 Paul Smolensky（1993）提出了以制约条件的交互作用为主要内容的生成音系学理论“优选论”（Optimality Theory）。这一理论曾轰动国外语言学界，语言学家纷纷评价这一理论，并用这一理论解释各种语言现象。优选论用制约条件的交互作用取代经典音系学的音系规则。正如王嘉龄（1995）所说，优选论用制约条件代替了音系规则，从而使音系学的研究发生了重大变化。近年来，国内用优选论解释汉语音系问题的文章开始增多。本研究运用优选论分析解释天津方言和宿州方言的连读变调现象，分析天津方言与宿州方言之亲缘关系。

第 1 章　天津方言的声调与连读变调

根据多年来对天津话的研究，人们普遍认为天津话有四个单字调类，即阴平、阳平、上声和去声，分别与普通话的四个单字调类阴平、阳平、上声和去声相对应，但是在天津话中这四个调类的调值与它们在普通话中的调值有很大的不同。同时，天津话中存在四种连读变调现象。

1.1　天津话的声调与连读变调

关于天津话单字调类的调值，很多学者做过研究（李世瑜 1956，罗常培、王均 1956，郭承铭 1981，D. S. Davison 1982，李行健、刘思训 1985，石锋 1987），主要研究结果见表 1–1。

表 1–1　天津话单字调本调在不同研究中的调值

调类 已有研究	阴平（T1）	阳平（T2）	上声（T3）	去声（T4）
李世瑜（1956）	11	55	214	51
罗常培、王均（1956）	11	55	24	42
郭承铭（1981）	21	45	213	53
D. S. Davison（1982）	21、11	45	24	53

续表

已有研究 \ 调类	阴平（T1）	阳平（T2）	上声（T3）	去声（T4）
李行健、刘思训（1985）	21	45	213	53
石锋（1987）	21	45	213	53

注：T1、T2、T3 和 T4 分别代表阴平、阳平、上声和去声，下同。

从表 1-1 可以看出在传统上天津话的阴平是低平调，调值为 21 或 11，阳平是高平调（55 或 45），上声是降升调（213 或 214），去声是降调，调值为 53 或 51。但近年来学者发现天津话声调的调值有了一些变化。这些变化主要集中在阴平上，其他三个声调基本没有变化或者没有趋势一致的变化。阴平的起点在过去 60 年中呈现持续升高的趋势。阴平的调值在 20 世纪 50 年代是 11，是一个低平调，到了 20 世纪 80 年代就变成了 21，虽然在音系学上还是低平调，但起点已经比终点高了 1 度。最近的声学和语音实验（Zhang & Liu 2011，Wang & Lin 2016）显示，阴平的调值是 41，41 在音系学上已经不能称为低平调，而是一个降调了。

天津方言有四种连读变调。天津方言的变调属于邻接逆异化音变的类型（刘思训 1993）。也就是说某两种声调的字连接，前面字的声调发生变化，后面字的声调不变。传统上人们认为天津话两字组有如下四条连读变调规则。

（1）天津话的四条连读变调规则。

连读变调	例词	
① T1+T1 → T3+T1	飞机（ML.ML）	→ 匪机（LM.ML）
② T3+T3 → T2+T3	买马（LM.LM）	→ 埋马（HH.LM）
③ T4+T4 → T1+T4	世界（HM.HM）	→ 师界（ML.HM）
④ T4+T1 → T2+T1	汽车（HM.ML）	→ 骑车（HH.ML）

以往人们研究天津话连读变调就是建立在这四种连读变调的基础上的。

1.2 天津话一种新的连读变调[1]

早在 20 世纪 90 年代我们在进行天津话连读变调研究时就发现天津话中出现了一种新

1 本节内容曾以“天津方言中的一种新的连读变调”为题发表在《天津师大学报》1997 年第 4 期上，作者：路继伦。

的连读变调现象。

李行健、刘思训（1985）在《中国语文》上发表的《天津方言的连读变调》一文引起了许多语音学家和音系学家的重视与兴趣。关于天津方言的连读变调出现了热烈的讨论，我们对这一问题也产生了浓厚的兴趣。我们首先想做些语料考证，看看李行健、刘思训的语料是否正确。我们请了四位天津人作为实验发音人，三女一男。他们均出生在天津，并一直生活在天津，人们都认定他们四人是说天津话的。我们请他们用自然的语调读出李、刘的文章中给出的词和词组。录音是在条件较好的语音室内进行的。当我们进行听辨分析时，惊奇地发现，四位发音人在连读两个阴平字时出现了两种情况：一种是大家熟知的将阴平前的阴平读为上声，而另一种情况则是将其变为阳平。我们将前一种称为老阴平连读变调，将后一种情况称为新阴平连读变调。变调情况如下所示。

（2）新旧变调结果比较。

例词	单字调 （阴平 + 阴平）	原变调结果 （上声 + 阴平）	新变调结果 （阳平 + 阴平）
飞机		（匪）机	（肥）机
出发		（楚）发	（除）发
蓝书包		蓝（暑）包	蓝（熟）包
保温杯		保（稳）杯	保（文）杯

尽管在四位发音人中有三位有这种新的变调现象，但另一位（男性）却很少有这种变调现象，几乎全都是老的变调现象。这说明新的变调现象和旧的变调现象同时存在，新的还没有完全取代旧的连读变调。

为了证实新的变调现象的存在，我们又做了两项工作。第一，对更多的发音人进行录音听辨。第二，对发音人的发音录音进行实验语音分析。

在实验中，我们有 30 位发音人。挑选是随机的，且具有不同的性别、年龄、出生地（天津市内六区）和职业，他们都出生在天津并一直在天津居住。他们每人拿到一份有 80 个词和词组的词表，大家的词表相同，他们可准备几分钟然后用正常语速读出词表上的词和词组。经过统计发现没有新变调现象的有 1 人，有新变调现象的有 29 人，其中新变调现象少于 33.3% 的有 14 人，新变调现象多于 33.3% 的有 15 人，15 人中有 14 人新变调现象多于 50%。

天津话的新变调现象有时出现，有时不出现（石锋 1988）。根据实验我们认为新变调现象确实存在。我们还请了著名语言学家李世瑜先生进行听辨，他也认为这一新变调现象确实是存在的。

我们还用 Kay7800 语图仪对我们认为有新变调现象的一些词的录音进行了语音分析。我们选择了两位我们认为新变调现象较多的同志做发音人，一男一女，他们均出生在天津，并一直生活在天津，同时具有原有的四种变调现象。他们的实验词表上有 50 个词和词组，10 个两字组，40 个三字组。这样可分析出在阴平前的那个阴平是否变为阳平，也可分析出这一变调现象是否受前字调的影响。

首先，通过作图计算确定他们的四个单字调的调值，主要对认为变为阳平的音作了语图，以分析其调值。下面是部分两字组（阴平 + 阴平）的调值的记录。

（3）“阴平 + 阴平”前一个阴平的调值。

	女发音人		男发音人	
例词	前一个阴平的基频（Hz）	调值	前一个阴平的基频（Hz）	调值
钢丝	230 270	45	150 190	35
出发	220 235	45	148 220	35
高低	220 245	45	130 175	34
松花	230 255	45	150 190	35
天车	240 250	45	150 190	35

可分析出第一个阴平的调值已变化为女＝ 45、男＝ 35，正好等于各自的阳平调值（根据我们的计算，女发音人的阳平调值为 45，男发音人的阳平调值为 35）。因此，可以说两个阴平在一起时，第一个阴平确实可变成阳平，也就证实了新的变调规则确实存在。

一般说来，两字组中的变调现象在三字组和多字组中仍然会出现。两个阴平在一起前一个阴平可按新的变调规则变为阳平。那么，它是否受前字调的影响呢？我们进行了三字组的实验，实验中三字组词的声调组合分别为：

① 阴平 + 阴平 + 阴平

② 阳平 + 阴平 + 阴平

③ 上声 + 阴平 + 阴平

④ 去声 + 阴平 + 阴平

下面是部分三字组词的实验数据结果。

（4）三字组词实验数据。

实验词	女发音人 中间字的基频	女发音人 调值	男发音人 中间字的基频	男发音人 调值
前字为阴平				
吃花生	220~250	45	130~180	35
开飞机	230~270	45	135~180	35
松花江	220~250	45	120~175	35
前字为阳平				
埋公鸡	230~250	45	145~165	34
行军包	250~260	55	145~180	35
咱姑妈	250~270	55	150~180	35
前字为上声				
紫金山	210~245	45	130~180	35
你亲妈	230~250	45	150~180	35
法西斯	220~250	45	150~180	35
前字为去声				
记工分	220~250	45	140~170	34
拌松花	220~250	45	145~180	35
上飞机	215~250	45	145~180	35

数据表明新变调现象在三字组中仍然存在，并且不受前字调的影响。也就是说，一个阴平调，无论其前面的字是什么调，只要它后面的字是阴平调，就可变调为阳平。据此，我们可以说无论是从听辨上还是通过语图分析都证实了天津话中的“阴平 + 阴平”出现了另一种变调结果，即阴平 + 阴平→阳平 + 阴平。

新变调是同旧变调并存的。那么哪些人使用新变调更多呢？对此我们做了一些社会语言学方面的工作。考虑到出生地、职业、年龄、性别等因素，我们在原有的 30 位发音人的基础上增加了 10 位发音人。他们的出生地、职业、年龄、性别都被分别记录下来，每人读一份实验字表。字表包含 80 个词和词组，其读音都被记录下来，然后进行社会语言学上的分析。

（5）出生地与新变调的使用（可能出现新变调的次数为 80）。

出生地	发音人数	平均使用新变调的次数
河东	7	34
河西	14	32
和平	8	48
红桥	3	40
河北	3	34
南开	5	22

我们发现新变调出现的次数与发音人所住的地区关系不太明显。各区都有很少使用新变调的发音人，也都有差不多都使用新变调的发音人，加之目前天津各区之间的流动较频繁，似乎在出生地与新变调之间找出关系不是很容易，也不是很准确。

（6）职业与新变调的使用（可能出现新变调的次数为 80）。

职业	发音人数	平均使用新变调的次数
工人	20	27
职员	3	30
教员	2	40
大学生	6	43
中学生	9	50

我们不难看出工人使用新变调的次数最少，中学生使用得最多。这看上去似乎与职业有关，但是我们觉得这不能很好地说明问题。工人中有许多是中学毕业的，他们不会因为不再是中学生了而停止使用新变调。而教员、大学生都比中学生使用新变调的次数少，因此用职业的不同、受教育的多少来解释使用新变调的次数似乎说服力不强。不过这些数字似乎说明了什么，那就是中学生使用新变调的人数大大多于工人。新变调的使用既然与职业、所受教育关系不大，那与什么有关系呢？唯一可能的解释就是中学生的年龄小于工人。那么，年龄与新变调的使用有无关联呢？

我们对每一位发音人使用新变调的次数都做了统计，如果将发音人按年龄分为 A 组（50 岁以上）、B 组（25 岁以上、50 岁以下，包括 50 岁）、C 组（25 岁以下，包括 25 岁），可得到下面的结果。

（7）年龄与新变调的使用（可能出现新变调的次数为 80）。

组别	发音人数	平均使用新变调的次数
A	4	1
B	20	34
C	16	45

很明显，从年龄与使用新变调的次数的关系来看，年龄越小，使用新变调越多。当然，这是从总体上看，具体到每一个发音人，也有年龄小的比年龄大的使用新变调的次数少，但是总趋势是年龄越小使用新变调越多。

新变调的使用是与年龄相关的。那么，它是否与性别也有关系呢？

（8）性别与新变调的使用（可能出现新变调的次数为 80）。

性别	平均使用新变调的次数
男	24
女	41

我们发现两者有着明显的差异，女性使用新变调多于男性。

经过对发音人的出生地、职业、年龄、性别等的实验调查，我们发现新变调的使用与年龄有关，也与性别有一定的关联。那么，产生新变调的原因是什么呢？我们认为主要有下面几个原因。

首先，是阳平调稳定。王嘉龄、姜晖（1997）认为天津话不允许两个相同的调式处于相邻的位置。在天津方言连读变调的条件中，有三个是只要相同的两个调在一起就产生变调，唯有两个阳平在一起不产生变调，从原有的四个变调结果看有两个变成了阳平，这就说明在天津方言中阳平调很稳定。它只做变调结果，不做变调条件（石锋 1990）。阳平调的稳定性继续起作用，影响着其他变调结果向阳平转化，所以出现了两个阴平在一起，前者不再变为上声而变为阳平的现象。

其次，是经济原则。经济原则与清晰原则常被认为是产生连读变调的原因。我们有理由认为新的变调结果比原变调结果更经济、省力。有连读变调的语言常会面临循环变调的问题，天津方言也是如此。比如，上声 + 阴平 + 阴平这样的条件就需要二次变调。按原变调规则上声 + 阴平 + 阴平应先变调为上声 + 上声 + 阴平，这是因为天津方言中的变调形式是前字调受后字调影响产生变调，这样第一次变调的结果上声 + 上声 + 阴平就需二次变调，即上声 + 上声 + 阴平再次变调为阳平 + 上声 + 阴平。因此，出现上声 + 阴平 + 阴平这样一个环境时，要经过两次变调才能完成变调。而用新的变调规则则只需一次变调就可以了，即上声 + 阴平 + 阴平变为上声 + 阳平 + 阴平，不再具有变调条件。新的变调明显比原变调省力，人们自然会偏向使用更为省力的变调规则。在实验调查中，我们发现三字组词，即上声 + 阴平 + 阴平这一组合使用新变调的次数最多，就说明了这一点。

再次，是清晰原则。在天津方言中禁止两个低值声调连续出现。天津话中的阴平调调值为 21。因此，两个阴平相连，第一个阴平要变调，原变调规则使得它们变为上声 + 阴平（213+21）。但上声 213 中的 3 为中值，不能明显区别于后面的阴平中的 2，所以不是很清晰，三个阴平在一起时这一点尤为明显。三个阴平在一起时，按原变调规则结果应为阴平 + 上声 + 阴平（21+213+21），不能令人感到很清晰，但如用新变调规则，就很清晰了，即三个阴平在一起变调为阴平 + 阳平 + 阴平（21+45+21）。因此，人们自然会偏爱新的变调规则。

一般来说经济原则和清晰原则往往是矛盾的，要达到省力就不会很清晰，要达到清晰就很难省力。但新的变调规则将原来的变调结果上声 + 阴平改为新的变调结果阳平 + 阴平，既达到了省力的目的，又达到了清晰的目的。

最后，就是普通话的影响。随着社会发展推广普通话，学说普通话已经成为必然。天津话与普通话主要的不同点在语音方面，而语音的主要区别性特征又在声调（韩根东 1993）。天津方言同普通话一样也有四个声调，即阴平、阳平、上声和去声，只是调值与普通话有所不同。

普通话的四个声调（阴平、阳平、上声、去声）的调值分别为 55、35、214、51，而天津话的四个声调（阴平、阳平、上声、去声）的调值分别为 21、55、213、53。我们不难发现天津话的四个声调与普通话的四个声调除阴平外，其余三个声调的调值非常接近。因此，就天津话的声调而言，学习普通话，向普通话靠拢很容易，只要把阴平的低平调读成高平调就是了。一种方言向另一种方言靠拢绝不是一下子完成的，需要经过一个变化过程。在这个变化过程中最不稳定的因素会最先发生变化。天津话中阴平在另一个阴平前变为上声这一现象说明两个相连的阴平中第一个阴平是不稳定的。因此，在向普通话靠拢的进程中，它理应是先锋，首先发生变化，变为天津话的阳平。而天津话中的阳平的调值是 55 或 45，恰恰等于普通话的阴平的调值。这样，相连的两个阴平中的第一个阴平已经将低平的调值改为同普通话一样的高平的调值，从而首先完成向普通话的靠拢。

1.3 其他连读变调

在天津话中，上声在另一个上声前要发生连读变调，变为阳平。Wee（2004）发现了上声的两条连读变调，见（9）。

（9）两条较新发现的变调。

连读变调	例词	变调结果
① T3+T2 → T1+T2	粉红（LM.HH）→	分红（ML.HH）
② T3+T4 → T1+T4	款待（LM.HM）→	宽带（ML.HM）

对于 Wee（2004）提出的（9）中的变调是否是连读变调一直有争议。马秋武、贾媛（2006）根据感知实验的结果，即实验参加人能否区别出（9①）和（9②）的本调和变调，提出（9①）和（9②）不是连读变调。Zhang & Liu（2011）提出（9①）和（9②）确实发生了变调，但不是中和（neutralization）。

近年有声学实验研究显示（1④）即去声＋阴平→阳平＋阴平（T4+T1→T2+T1）已经消失。Zhang & Liu（2011）和 Wang & Lin（2016）认为（1④）已经消失了。Li & Chen（2016）提出，天津话只有（1）中的前三条连读变调，没有（1④）变调。这三项研究的结论都是根据他们各自的声学实验结果得出的。对于（1）中前三条变调的存在虽然没有什么异议，但对于变调结果观点不同。路（1997）提出（1①）的变调结果是 T2（HH），而不是 T3（LM）。Zhang & Liu（2011）和 X. Wang & Lin（2016）也认为（1①）的变调结果是 T2，而不是 T3。Zhang & Liu（2011）还提到他们的一位年轻发音人（1①）的变调结果是 T3，另有四位发音人的变调结果介于 T2 和 T3 之间。

1.4 声学实验

现有的声学研究显示，天津话的单字调和两字组连读变调都发生了较大的变化。单字调中 T1 的起点调值持续升高，已经从低平调变成低降调了。在两字组连读变调中，（1④）消失了，（1①）出现了新的变调结果，同时两条上声声调变化被新发现，但它们是连读变调还是声调的协同变化（tonal coarticulation）还不清楚。因此，本研究再次做了天津话单字调和两字组连读变调的声学实验。

声学实验包括单字调和两字组连读变调的实验。我们首先做了单字调的实验，因为不清楚单字调的调值就无法确认连读变调是否发生。

实验词

实验词由 40 个单音节词和 100 个双音节词组成。4 个单字调类每个调类 10 个单音节实验词，共 40 个单音节实验词。单字调两两组合，有 16 种双字组合，其中 6 种组合已有发生变调的报告（李行健、刘思训 1985，Wee 2004，Zhang & Liu 2011，X. Wang & Lin 2016），这 6 种组合每种 10 个双音节实验词，其余 10 种组合从未有发生变调的报告，这 10 种组合每种 4 个双音节实验词，共 100 个双音节实验词。所有的实验词都是基于《现代汉语频率词典》记录的常用词，包括不同词性的词。

实验参加人

共有 16 位母语为天津话的青年参加了本次词表录音，男性和女性各 8 人，在录音时他们都是天津师范大学的本科生，平均年龄为 20.1 岁。这 16 位发音人都在天津中心城区（又称市内六区，即和平、河西、南开、河东、河北和红桥）出生并长大，从未长时间离开过天津。他们都可以说天津话和普通话，但不会说其他汉语方言。

实验过程

所有的实验词都写在卡片上，一张卡片上一个词，单音节实验词和双音节实验词混在一起由发音人以任意的顺序读出。词表的录音工作是在天津师范大学的一间安静的办公室里完成的。每位发音人每个词读一遍，每个词之间有很短的间隙，读完全部实验词大约 10 分钟。

实验数据分析

所有的声学数据都是在 Praat（Boersma & Weenink 2014）中手动标注并分析的，提取的是每个音节的韵腹和韵尾的基频。每个音节的韵腹和韵尾每 10% 形成一个基频提取点，每个音节提取 11 个点的基频，这 11 个点每个点之间的距离是相等的。每位发音人的每个调类或每种双字组合中所有实验词的基频取平均值进入调值的计算，所以每位发音人的每个调类或每种双字组合中只有一套平均值进入调值的计算。每个声调的每个基频提取点的原始基频都用下列公式（10）（石锋 1986）标准化后换算成五度值。

（10）五度值 =（实际音高 - 最低点）÷（最高点 - 最低点）×5。

（0 到 1 为 1 度，1 到 2 为 2 度，2 到 3 为 3 度，3 到 4 为 4 度，4 到 5 为 5 度）

1.5　单字调的实验结果

图 1–1 是 16 位发音人的单字调的基频平均值，图 1–2 是基频用（10）中的公式标准化后的结果，其中 0~1、1~2、2~3、3~4 和 4~5 分别对应五度值 1~5。

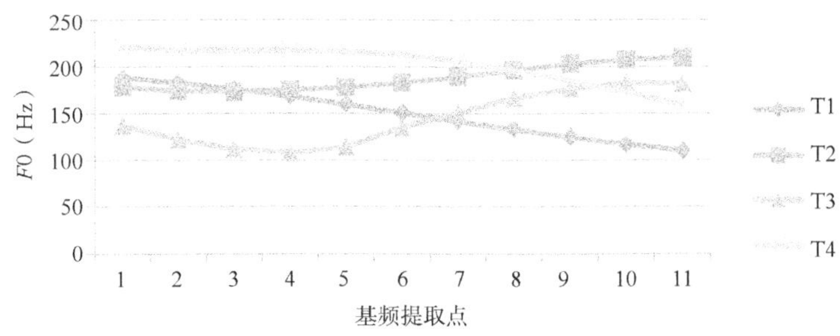

图 1–1　四个单字调类的原始基频 *F0*

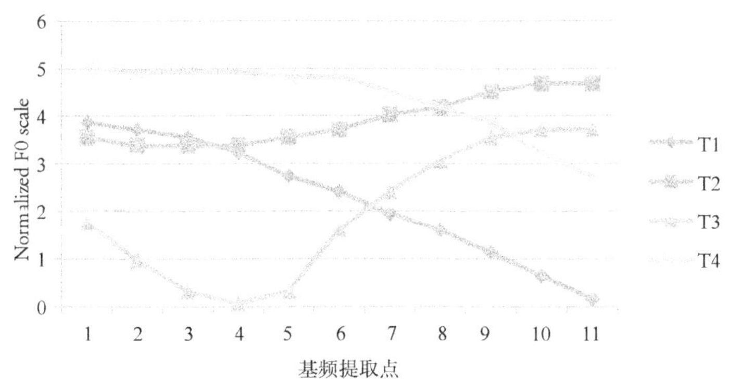

图 1–2　单字调类标准化后的结果

原始基频和标准化后的结果呈现出基本一致的调型。天津话的单字调类包含两个升调和两个降调，T4 和 T1 都是降调，分属于高、低两个调域，T3 是低调域的降升调，T2 是高调域的升调。

表 1–2 是换算成五度值的实验结果和音系表达，其中 H 和 h 代表高，L 和 l 代表低，大写的 H 和 L 代表高调域的高和低，小写的 h 和 l 代表低调域的高和低。

表 1–2　四个单字调类的五度值以及音系表达

	T1	T2	T3	T4
五度值	41	45	214	53
调域	低	高	低	高
声调特征	hl	hh	lh	hl
音系表达	L（hl）	H（hh）	L（lh）	H（hl）

1.6　两字组连读变调的实验结果

与单字调的计算方法一致，先计算每位发音人每种双字组合基频的平均值，然后计算所有发音人这一组合的平均值，所有发音人的平均值就是这一双字组合的原始基频，原始基频用（10）中的公式标准化并换算成五度值，方法与单字调相同，结果见表 1–3。

表 1–3　四条传统两字组连读变调的五度值和音系表达

连读变调	输入	输出
T1+T1 → T2+T1	ML.ML（41+41）	HH.ML（45/55+41）
T3+T3 → T2+T3	LM.LM（214+214）	HH.LM（45/55+214）
T4+T1 → T2+T1	HM.ML（53+41）	HH.ML（45/55+41）
T4+T4 → T1+T4	HM.HM（53+53）	ML.HM（54+53）

表中 M 代表高调范围的低声调特征和低调范围的高声调特征。

图 1–3 是四条传统变调的原始基频图，曲线是变调后的结果。

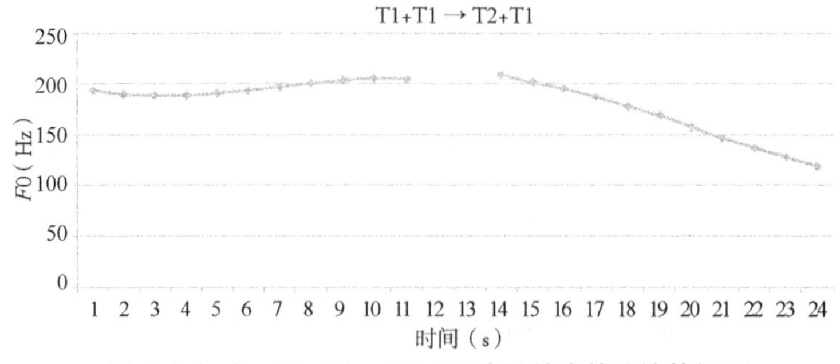

图 1–3（a）　T1+T1 → T2+T1 变调输出的原始基频图

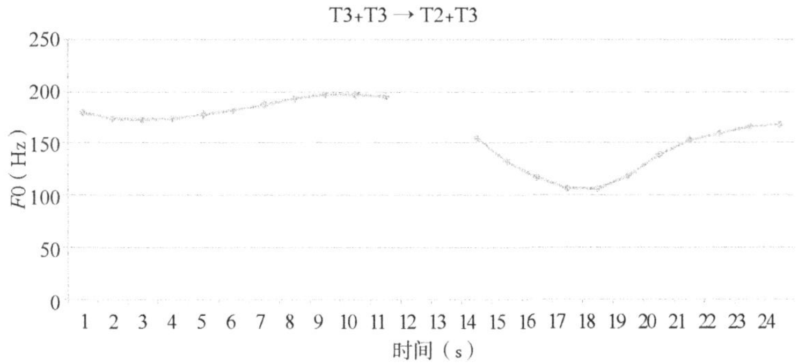

图 1-3（b）　T3+T3 → T2+T3 变调输出的原始基频图

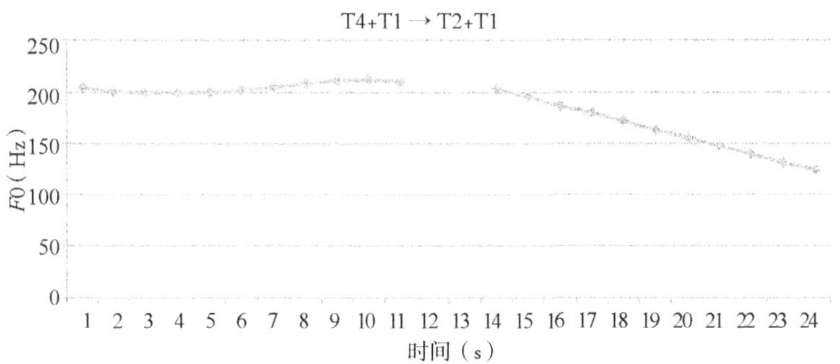

图 1-3（c）　T4+T1 → T2+T1 变调输出的原始基频图

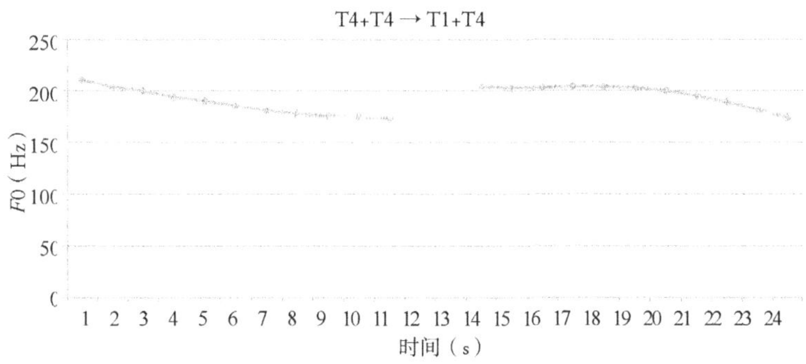

图 1-3（d）　T4+T4 → T1+T4 变调输出的原始基频图

我们的实验显示，T1+T1，T3+T3 和 T4+T1 这三条变调还存在，而且每位发音人都发生了变调，但是所有发音人都没有 T4+T4 这条变调。与路继伦（1997），Zhang & Liu（2011）和 X. Wang & Lin（2016）一致，T1+T1 的变调结果是 T2+T1，而不是 T3+T1。

虽然五度值结果显示 T4+T4 没有变调，但因为 T1 的起点已经变成五度值的 4 了，从而无法确认这个高降调是 T4 没变，还是变成起点升高的 T1 了，T1 的调值是 41 而不是 11/21，所以我们计算了 T1+T4 组合的基频平均值。因为从未有 T1+T4 发生变调的报道，我们假设 T1+T4 没有发生变调，所以这一组合中第一个音节的声调应该是 T1。图 1-4 是把 T1+T4 输出的原始基频图叠加在 T4+T4 输出的原始基频图上得到的。

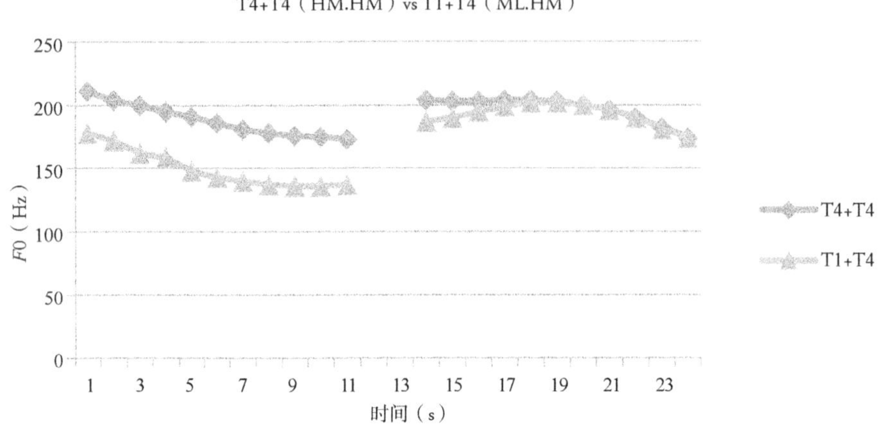

图 1-4　T4+T4 和 T1+T4 的原始基频图

从图 1-4 可以看出，T1 和 T4 的调型相近，但 T1 比 T4 低得多。双样本 *T* 检验显示两种组合中第一个音节的原始基频存在显著性差异（$p<0.05$），据此我们认为 T4+T4 没有变成 T1+T4，这一结果与前人的研究一致（石锋 & 王萍 2004，Zhang & Liu 2011，X. Wang & Yin 2016）。

Wee（2004）提出除了上面介绍的四条变调以外，天津话还有两条变调，即（9）中的变调。我们的实验结果显示，T3 在 T2 和 T4 前确实发生了变化。T3+T2 和 T3+T4 中第一个音节的声调都变成了低平调，但变化并不一致，显示出较大的发音人间（inter-speaker）和发音人内部（intra-speaker）的差异和变体。此外，变体也没有显示出任何规律。图 1-5、图 1-6 是这两条变调的原始基频图。

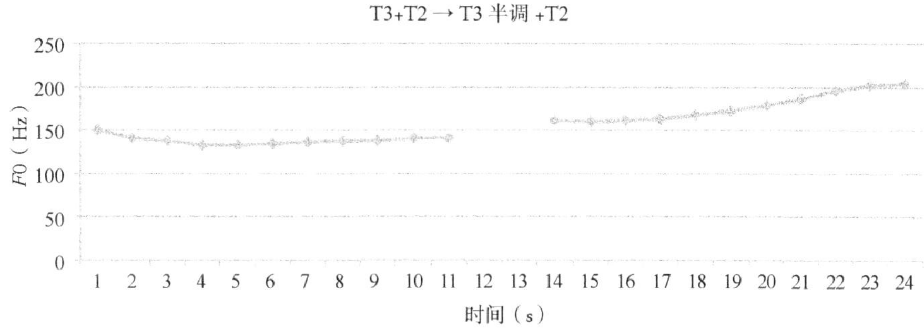

图 1–5　T3+T2 → T3 半调 +T2 变调结果的原始基频图

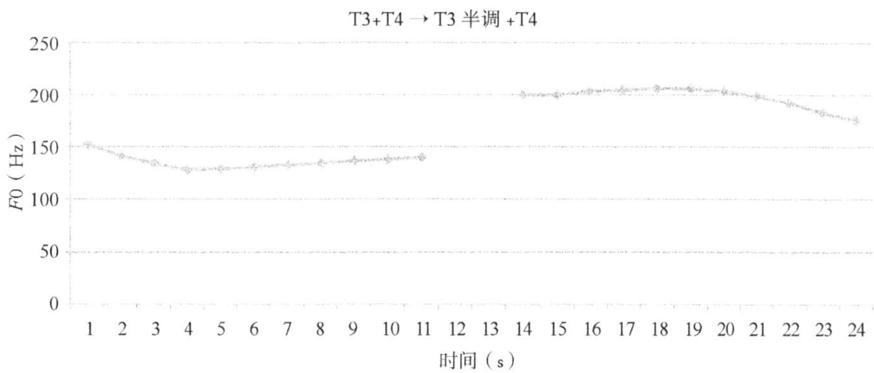

图 1–6　T3+T4 → T3 半调 +T4 变调结果的原始基频图

T3+T2 和 T3+T4 变调输出的原始基频标准化后，换算成五度值的结果都是 21。因此，可以得出上声在阳平前和去声前会变为类似阴平的调。但是前字的上声究竟是变为阴平还是简单地保留前半上呢？如果只保留半上，其时长应该会短一些。而天津话中前字的上声和前字的阴平从时长上看却非常接近。

表 1–4　前字为上声与前字为阴平时前字的平均时长对比

	前字为上声	前字为阴平
平均时长	0.135 s	0.138 s

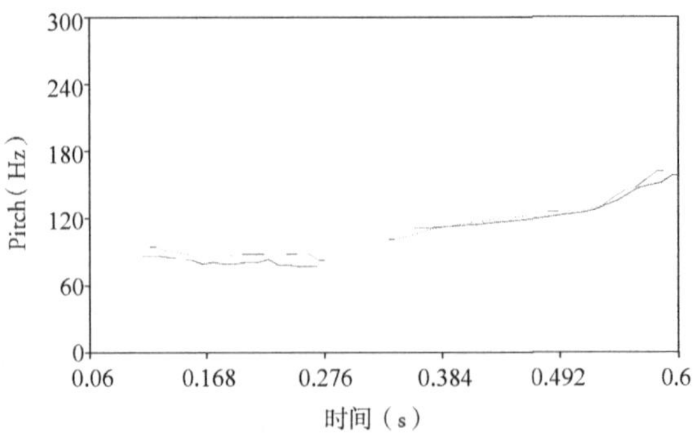

图 1–7 “讲和”“江河”基频曲线对比

注：图中“江河”的声调曲线为实线，“讲和”的声调曲线为虚线。

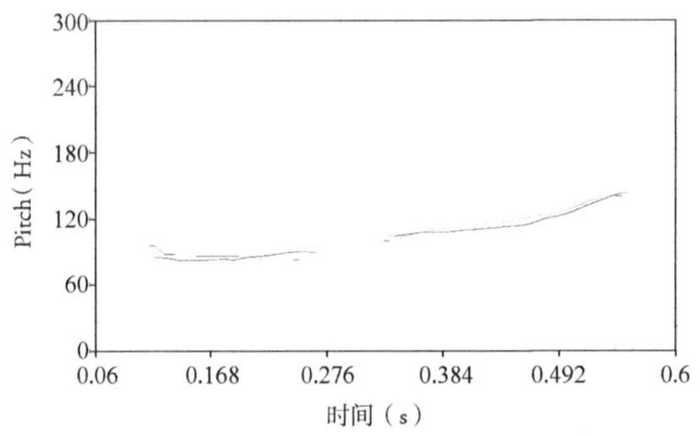

图 1–8 “表明”“标明”基频曲线对比

注：图中“标明”的声调曲线为实线，“表明”的声调曲线为虚线

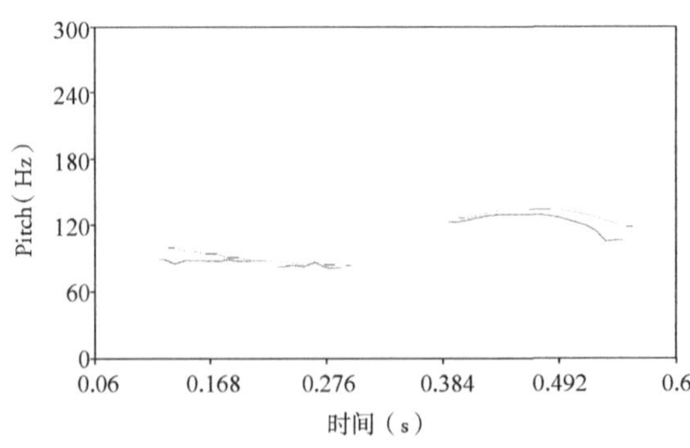

图 1–9 “鬼话”“规划”基频曲线对比

注：图中“规划”的声调曲线为实线，“鬼话”的声调曲线为虚线

很显然，阳平和去声前的上声时长和阴平很接近，很难将它们区分开来。但是，上声

与阴平在阳平和去声前的这种细微差别是否具有语言学上的意义？换言之，说天津话的本地人是否能够依据这种细微的差别区分出不同的词语？如果这种差别没有产生意义上的区别，就说明上声 + 阳平与阴平 + 阳平，上声 + 去声与阴平 + 去声发生了声调归并现象，即上声在阳平和去声前发生了变调，变为阴平，反之则不然。为此，我们又进行了听辨实验。

听辨实验包含5组10个测试词，其中2组为上声在阳平前，3组为上声在去声前，如表1–5所示。前 2 组词语包括一个具有上声 + 阳平的声调序列和一个与之相应的阴平 + 阳平的声调序列。后 3 组词语包括一个具有上声 + 去声的声调序列和一个与之相应的阴平 + 去声的声调序列。

表 1–5　听辨实验所用词表

上声 / 阴平 + 阳平	讲和 / 江河	表明 / 标明	
上声 / 阴平 + 去声	鬼话 / 规划	喜面 / 稀面	打骂 / 搭嘛

听辨人为 40 名天津人。实验时要求听辨人听到一个词后在记录纸上勾选出他认为对应的词。表 1–6、表 1–7 是听辨结果。

表 1–6　上声在阳平前的听辨正确率

测试词	讲和	江河	表明	标明
正确率	43%	65%	55%	45%

表 1–7　上声在去声前的听辨正确率

测试词	鬼话	规划	打骂	搭嘛
正确率	38%	70%	97%	5%
测试词	喜面	稀面		
正确率	65%	38%		

由上面两表可看出，大部分词的正确率在 40% 与 70% 之间，说明都很难被听辨出。但是当让他们听辨是“打骂”还是“搭嘛”时，无论发音人读的是哪个，他们都认为是“打骂”。当发音人读“打骂”时，40 位听辨者中有 39 人认为是“打骂”；当发音人读“搭嘛”时，40 位听辨者中有 38 人还认为是“打骂”。这更说明他们无法辨别“骂 / 嘛”前是上声“打”还是阴平“搭”，而是靠对词汇的熟悉程度来判断。受到对词汇的熟悉度的影响，听辨者肯定会对较熟悉的词汇做出积极反应。听辨人是无法正确地区分在阳平和去声前究

竟是上声还是阳平的。

在天津话中21虽是上声的前半上，但同时又是阴平的调值，这不能不说存在变调的嫌疑。从变化后21的时长上看，它和阴平的时长是很接近的。从天津人的听辨上看，他们无法准确区分在阳平和去声前的声调是上声还是阴平。保留前半上的说法只是对产生这一变调的方法的解释，而不能说明它没有变调。但即使我们说上声在阳平和去声前是要变为阴平的，这种变调还是不同于其他变调的。在其他变调中，即使我们用很慢的语速去读，只要不强调前字，变调仍然会发生。但上声在阳平和去声前变为阴平，却是受到语速的限制的。在快速语流中，人们无法将其同阴平区分开来，但在慢速语流中则能区分。同时，它们的输出呈现出较大的发音人间和发音人内部的差异，没有传统变调的一致性。虽然平均基频标准化后换算成五度值的结果是21，但个体实验词显示出较大的个体差异，输出变体有21、13、212，而且变体没有规律，也与形态句法结构无关。天津话中上声在上声前变成阳平，但是在阳平或去声前变成低平调，这与普通话中上声（214）在上声前变成阳平（35），在阴平（55）、阳平（35）和去声（51）前变成低平调是相似的。因此，天津话中上声在阳平或去声前是否变成阴平是值得研究的。

1.7 小结

表1-8是关于四条传统变调本研究的结果与李行健、刘思训（1985）和Zhang & Liu（2011）的结果的比较。

表1-8 四条传统变调在不同时期的研究中的结果

输入	输出		
	本研究	李行健、刘思训（1985）	Zhang & Liu（2011）
T1+T1	T2+T1（45/55+41）	T3+T1	T2+T1
T3+T3	T2+T3（45/55+213）	T2+T3	T2+T3
T4+T1	T2+T1（45/55+41）	T2+T1	T2+T1
T4+T4	T4+T4（54+53）	T1+T4	T4+T4

表1-9是有关两条新发现的变调本研究的结果与Wee（2004）和Zhang & Liu（2011）的结果的比较。

表 1-9　两条新变调在不同时期的研究中的结果

输入	输出		
	本研究	Wee（2004）	Zhang & Liu（2011）
T3+T2	T3 半声（21）+T2	T1+T2	T3 半声 +T2
T3+T4	T3 半声（21）+T4	T1+T2	T3 半声 +T4

在四条传统连读变调中，我们的实验结果显示 T1+T1 的变调结果是 T2+T1，与路继伦（1997）和 Zhang & Liu（2011）的研究结果一致。T4+T4 没有发生变调，与 Zhang & Liu（2011）、Li & Chen（2016）和 X. Wang & Lin（2016）的研究结果一致。T4+T4 在 Li & Liu（1985）的研究中的变调结果是 T1+T4，在本实验中只在个别发音人的少数实验词中偶尔有这样的变调，显示出 T4+T4 变调在青年发音人中已经基本消失了。T3+T3 和 T4+T1 变调在三项研究中的结果一样，显示出这两条变调基本没有发生变化。

表 1-9 中两条新发现的变调的结果在三项研究中都是低平调，这与 Wee（2004）和 Zhang & Liu（2011）的研究结果都是一致的。在如何解读这个低平调上，我们倾向于与 Zhang & Liu（2011）一致，也认为变化结果的低平调是三声的一半，或者叫三声半声，而不是真正意义上的变调。它们的输出呈现出较大的发音人间和发音人内部的差异，没有传统变调的一致性。虽然平均基频标准化后换算成五度值的结果是 21，但个体实验词显示出较大的个体差异，输出变体有 21、13、212，而且变体没有规律，也与形态句法结构无关。天津话中上声在上声前变成阳平，但是在阳平或去声前变成低平调，这与普通话中上声（214）在上声前变成阳平（35），在阴平（55）、阳平（35）和去声（51）前变成低平调是相似的。

根据多年来对于天津话的研究，我们大致可以得出以下结论。

① 老派天津话的四个单字调分别是：

阴平为低平调（11 或 21）；阳平为高平调（55 或 45）；上声为曲折调（213 或 214）；去声为降调（51 或 53）。

新派天津话的四个单字调分别是：

阴平为低降调（41）；阳平为高平调（或 45）；上声为曲折调（214）；去声为降调（53）。

其中阴平变化最为明显，起点逐步抬高。

② 老派天津话存在四种连读变调，分别是：

阴平 + 阴平→上声 + 阴平（T1+T1 → T3+T1）

上声 + 上声→阳平 + 上声（T3+T3 → T2+T3）

去声 + 去声→阴平 + 去声（T4+T4 → T1+T4）

去声 + 阴平→阳平 + 阴平（T4+T1 → T2+T1）

新派天津话首先在阴平 + 阴平变调上发生变化，阴平 + 阴平不再变化为上声 + 阴平，而是变为阳平 + 阴平。逐渐去声 + 去声也发生了变化，去声 + 去声不再发生连读变调。

③ 上声在阳平或去声前没有发生连读变调，只是保留了上声的前一半。

普通话的推广使用使得各地方言的发展不同程度地受到了普通话的影响。距北京只有一百多千米，与北京联系甚密的天津情况更是如此。无论是在词汇上还是在语音、声调上纯天津话的色彩都正逐步消失，天津话正向普通话靠拢。就天津话的声调而言，学习普通话，向普通话靠拢很容易，只要把阴平的低平调读成高平调就是了。路继伦（1997）发现的新的连读变调说明天津话的阴平正在发生变化。近年来发现阴平的调值开始逐渐提高，由原来的 1 或 2 提升到了 4，说明阴平正在向普通话靠拢。变调现象在减少，T4+T4 变调在青年发音人中已经基本消失，恐怕这也是因为受到了普通话的影响。

第 2 章　宿州方言的声调与连读变调[1]

对安徽省方言的研究主要集中在江淮官话上，迄今有较多研究合肥市、怀远县、淮南市等江淮官话的文献，但关于安徽北部中原官话的研究较少。

在综合论述方面，《安徽省志·方言志》（1997）是一部对安徽省境内的方言进行全面研究的著作。全书把安徽省境内的方言分成皖北中原官话、皖中江淮官话、皖南宣州吴语、皖南徽语、皖西赣语等几大块，分别从语音、词汇、语法等方面阐述其特点，并用十幅方言地图展示声母、韵母、声调等方面的差异。《安徽官话方言研究述评》（贡贵训 2008）从分区研究、语音研究、语法研究和词汇研究几方面分析安徽官话方言研究的现状，得出语音研究强，词汇、语法研究弱，南部的方言研究比北部的充分等结论。《安徽省的汉语方言》（赵日新 2008）介绍了安徽省方言的分布、使用人口及方言之间的关系，将安徽省的宿州市、灵璧县、濉溪县、亳州市、蒙城县、阜阳市等归入中原官话的商阜片。此外还有贺巍（2005）的《中原官话分区（稿）》、唐丽丽（2011）的《试论安徽方言分布的特点》等。

在语音及音系描写方面，赵杰（2014）详细记录了宿州方言的声韵调系统，并与普通话和中古音系进行了比较。文中指出宿州方言共有 22 个声母（含零声母）、37 个韵母、

1 本章部分内容曾以“宿州市埇桥区方言单字调的研究”为题发表在《广东经济》2017 年第 10 期（下）上，作者：李哲。

4 个声调（阴平 213、阳平 44、上声 35、去声 51），作为一种北方方言与普通话的声韵调系统大致相同。唐爱华、王临惠、蒋宗霞等（2015）通过进行田野调查描写了宿州市埇桥区的城区老派方言音系，并且同中古音系比较，以说明宿州市埇桥区语音的古今变化特点。文中提到宿州方言共有声母 23 个（含零声母）、韵母 39 个；单字调为阴平、阳平、上声、去声 4 个。古清、次浊入声今多读阴平，全浊入声今多读阳平，但有例外。贡贵训在《安徽淮河流域方言语音比较研究》中通过描写皖属淮河流域两大官话 30 个点的单字音系，并且选取 12 种语音区别特征项，对中原、江淮两官话进行内部、外部比较，从方言关系的角度探讨各片音系的性质和地理分布类型。

对于同属于中原官话商阜片的研究大致如下。《安徽省志・方言志》对皖北中原官话内部方言点的语音共同点及内部差异进行了描写，并且对归属于商阜片的阜阳话进行了详细的描写。陆侠（2017）在《安徽蒙城方言声韵调及其特点》中，从共时和历时的角度，从声母、韵母和声调三个方面分析了蒙城方言的语音系统，并总结了其规律。郭辉、郭迪迪（2014）在《皖北濉溪方言的连读变调》中，总结了濉溪方言里的非叠字两字组连读变调和重叠式连读变调的规律。焦伟娜（2017）在《安徽亳州方言的文白异读探析》一文中，从声韵调三个方面归纳了亳州方言的文白异读规律。庞可慧（2013）在《河南睢县方言音系》一文中，通过采取田野调查的方法对同属中原官话商阜片的睢县方言的音系进行了描写，概括了其声韵调的特点，列出了声韵拼合表，有利于深化对中原官话商阜片的研究。蒋桂芹、宋信强（2007）对河南永城方言和普通话的声韵调进行比较，发现永城方言和普通话相比在声调方面差别较大，但是有较强的对应关系。

总体来说，迄今为止关于中原官话的研究不多，关于中原官话商阜片的研究更是少之又少。对中原官话商阜片其中一个方言点宿州方言的研究，大多是对声韵调系统的描述，至今没有文献详细总结宿州方言连读变调的规律，亦没有文献对连读变调的规律进行音系分析。

2.1 宿州方言音系

1. 声母

和普通话相同，宿州方言也有 21 个声母（不包含零声母），如表 2–1 所示。

表 2-1　宿州方言声母表

发音方式 / 发音位置	塞音		塞擦音		擦音		鼻音	边音
	不送气	送气	不送气	送气	清音	浊音	浊音	浊音
双唇音	p	pʰ					m	
唇齿音					f			
齿音			ts	tsʰ	s			
龈音	t	tʰ					n	l
腭龈音			tʂ	tʂʰ	ʂ	ʐ		
硬腭音			tɕ	tɕʰ	ɕ			
软腭音	k	kʰ			x			

和普通话相比，宿州方言的声韵母拼合存在以下几点不同。

① 在宿州方言中，龈音 [t]、[tʰ]、[n]、[l] 和齿音 [ts]、[tsʰ]、[s] 不和单韵母 [e] 拼合。

② 鼻音 [n] 和齿音 [ts]、[tsʰ]、[s] 不和鼻韵母 [en] 拼合。例如，在普通话中，“怎”的拼音是 [tsen]，但是在宿州方言中则是 [tsəŋ]。

③ 龈音 [t]、[tʰ] 不和 [ui] 相拼，只和 [ei] 组合。例如，在普通话中，“堆”和“推”的拼音分别是 [tui]、[tʰ ui]，但是在宿州方言中则分别是 [tei]、[tʰ ei]。

④ 龈音 [n]、[l] 和硬腭音 [tɕ]、[tɕʰ]、[ɕ] 不和 [ye] 拼合，而分别与 [uo] 和 [yo] 组合。例如，在普通话中，“略”的拼音是 [lye]，但是在宿州方言中则是 [luo]。“瘸”和“学”在普通话中读作 [tɕʰ ye]、[ɕye]，在宿州方言中则是 [tɕʰ yo]、[ɕyo]。

2. 韵母

普通话的韵母有 39 个，宿州方言有 38 个（表 2-2）。宿州方言无复韵母 yɛ 和鼻韵母 uəŋ，而特有 yo。

表 2-2　宿州方言韵母表

		开口呼	齐齿呼	合口呼	撮口呼
单韵母		A̢、o、ɣ、ʅ、ʅ、ε、ɤ	i	u	y
复韵母	前响	ɑu、ou、ai、ei			
	中响		iɑu、iou	uai、uei	
	后响		ia、ie	uɑ、uo	yo
鼻韵母	前鼻音	an、en	in、iæn	uan、uen	yæn、yn
	后鼻音	ɑŋ、əŋ、uŋ	iŋ、iɑŋ、yŋ	uɑŋ	

宿州方言和普通话最大的不同是宿州方言没有复韵母 yε 和鼻韵母 uəŋ，而特有 yo。例如"嗡"在普通话中的读音是 [uəŋ]，在宿州方言中却是 [uŋ]，[uŋ] 自成音节。"倔""雀""靴"在普通话中的读音分别是 [tɕye]、[tɕʰye]、[ɕye]，在宿州方言中则读作 [tɕyo]、[tɕʰyo]、[ɕyo]。

3. 声调

宿州方言和普通话均有四个调类，阴平、阳平、上声和去声，但调值不同。前人的研究结果如表 2-3 所示。

表 2-3　前人关于宿州方言调值的研究结果

来源 \ 声调	阴平	阳平	上声	去声
安徽宿州市志（1991）	212	55	324	53
赵杰（2014）	213	44	35	51
贡贵训（2011）	212	55	24	53

宿州方言声调的特点如下。

平声分阴平和阳平；上声不分阴阳，今上声都来自古全清、古次清和古次浊上声字，古全浊上声字都归入了去声；去声不分阴阳；入声全部消失，古清、古次浊入声今多读阴平，古全浊入声今多读阳平，但也有例外。

2.2　宿州方言声调实验

1. 字表

根据已有的研究结果，宿州方言单字调共有 4 个调类：阴平、阳平、上声和去声。了解了声调的概况后，我们根据《方言调查字表》(2002)调查宿州方言的声调，设计了单字调、双字调、两字组和三字组轻声的字表，以确定单字调的五度值、双字组连读变调情况以及轻声的表现。

在制定单字调字表时，我们按照宿州方言中的古音派化规律选取实验字。每一调类有 18 个例字，总共有 72 个单字调例字，具体例字见表 2-4。

表 2-4　宿州方言单字调实验字表

阴平	心	高	天	车	开	关	飞	接	黑	单	他	声	音	机	边	西	巴	哥
阳平	年	白	抬	绳	读	逃	别	明	炎	合	红	皮	球	壶	石	离	头	爷
上声	打	水	买	锁	小	胆	举	粉	假	口	手	纸	伞	里	子	腐	朵	姐
去声	变	电	看	证	上	冻	大	细	布	地	会	树	信	路	价	个	面	舅

宿州方言有 4 个单字调，共有 16 种双字调组合。在本实验中，每一种调类组合选择了 8 个词，一共有 128 个双字实验词汇，见表 2-5。为检验宿州方言双字组连读变调是否受词汇或语法结构影响，双字组实验词汇充分考虑了主谓、动宾、偏正、联合等结构。

表 2-5　宿州方言双字调实验字表

阴平 + 阴平	心酸	高山	天边	飞机	声音	推翻	通婚	春分
阴平 + 阳平	心烦	高楼	天桥	说明	推迟	刷牙	消毒	飞碟
阴平 + 上声	心软	高举	天狗	真假	浇水	踢死	吃饱	失火
阴平 + 去声	心碎	高兴	天地	松树	花布	接近	开会	冬至
阳平 + 阴平	年轻	白鸽	抬高	茶杯	潮湿	聊天	读书	逃兵
阳平 + 阳平	年轮	白旗	抬头	皮球	离别	服毒	成熟	流民
阳平 + 上声	年老	白酒	抬手	石板	寒冷	淘米	寻死	拿走
阳平 + 去声	年限	白兔	抬价	瓷器	独自	还账	逃散	民办
上声 + 阴平	打开	水枪	买鸡	酒缸	简单	铲伤	手松	水荒
上声 + 阳平	打雷	水壶	买球	酒瓶	口舌	整齐	改良	铲除

续表

上声 + 上声	打倒	水桶	买酒	纸伞	检讨	手掌	剪彩	胆小
上声 + 去声	打破	水势	买菜	小路	远近	写信	改善	嘴硬
去声 + 阴平	变声	电灯	看开	汽车	战争	健康	细心	唱机
去声 + 阳平	变形	电池	看完	事实	上楼	害人	证明	位移
去声 + 上声	变小	电网	看好	信纸	户口	送礼	漱口	气喘
去声 + 去声	电报	看见	大蒜	弟妹	制造	弄坏	地震	夏至

双字组轻声 S+N（重读音节 + 轻声音节）共有 24 个例词，三字组轻声 S+N+S（重读音节 + 轻声音节 + 重读音节）共有 44 个例词，分别见表 2–6 和表 2–7。

表 2–6　宿州方言 S+N 实验字表

T1+T0	哥哥	桌子	东西	关着	黑的	砖头
T2+T0	爷爷	孩子	行李	牢里	红的	石头
T3+T0	姐姐	胆子	老实	想着	粉的	尾巴
T4+T0	舅舅	树上	夜里	试着	旧的	后头

表 2–7　宿州方言 S+N+S 实验字表

T1+T0+T1	黑的车	吃得香	关着窗
T1+T0+T2	黑的绳	帮个忙	包子咸
T1+T0+T3	黑的锁	新的纸	开着网
T1+T0+T4	黑的证	新的布	砖头大
T2+T0+T1	红的车	萝卜干	扶着车
T2+T0+T2	红的绳	谈得来	来了神
T2+T0+T3	红的锁	甜的水	楼上吵
T2+T0+T4	红的证	离得近	忙着看
T3+T0+T1	粉的车	尾巴粗	耳朵尖
T3+T0+T2	粉的绳	尾巴长	耳朵灵
T3+T0+T3	粉的锁	尾巴短	耳朵眼
T3+T0+T4	粉的证	尾巴细	耳朵背

续表

T4+T0+T1	豆腐干	柿子多	
T4+T0+T2	剩的茶	外边凉	
T4+T0+T3	痱子粉	路上挤	
T4+T0+T4	让个路	外面乱	

2. 发音人情况

本次实验有 5 名受试者，3 位老年人，2 位中年人，老年人中有 2 位男发音人，中年受试者男女发音人各一位。5 名受试者均为宿州市埇桥区人，从小在埇桥区长大且无长期居住在外地的经历。两名年长的男性和一名年长的女性都不会说普通话，两位中年人会说受普通话影响的方言，这 5 名受试者都会说纯正的埇桥区方言，并且没有语言学相关知识，因此是合适的方言语料收集对象。男发音人用 Male 表示，简写为 M；女发音人用 Female 表示，简写为 F。五位发音人分别记为 M1、M2、M3、F1、F2，基本情况见表 2–8。

表 2–8　发音人情况

性别	年龄	职业
M1	77	退休教师
M2	71	退休干部
M3	41	商人
F1	68	退休话务员
F2	38	家庭主妇

3. 录音

录音采用清华同方 T & F–K91 型号的录音笔，为了减小噪声干扰，保证录音质量，在安静的房间里进行录音。首先我们要求发音人熟悉字表，然后进行录音。录音时按照实验字表的先后顺序进行朗读。每个字或词念两遍，每遍间隔 2~3 秒。单字调共有 4 个调类，每个调类 18 个例字，每个字读 2 遍，实验样本共有 4 × 18 × 2 × 5=720 个。双音节词有 16 种调类组合，每个调类 8 个例词，每个调类组合读 2 遍，实验样本共有 8 × 16 × 2 × 5=1280 个。双字组轻声 S+N 的总样本数为 240 个，三字组轻声 S+N+S 的总样本数为 440 个。

4. 实验步骤

实验语音分析软件为 Praat 5406，数据计算和图表制作主要使用 Excel 2010。

语音分析主要包括以下步骤。

① 语音的切分和标注。首先把录音文件从录音笔中导入电脑里，然后利用 Praat 5406 对合格的样本进行语音的切分和标注。标注层分为 PY（拼音层）和 SY（声韵层）两层。

② 提取基频数据。利用“提取音节或声韵母的音高数”这一脚本在软件里提取调型段的 10 个基频点数据，将数据拷贝到 Excel 里加以计算。

③ *T* 值法归一。在 Excel 中采用 *T* 值法将基频数据归一，算出 *T* 值。

④ 制图。根据 *T* 值在 Excel 中作图，横坐标为 10 个采样点，纵坐标为 *T* 值，并根据 *T* 值设定 5 个区间，最后制成在图上显示、具有传统语言学意义的五度值。

5. 声调段的选择

关于声调承载段的选择，学术界历来有争议，音高和音长是声调的两个重要参数。和音高关系最密切的声音的物理维度是基频，基频是声带震动的频率。吴宗济、林茂灿（1989）指出基频曲线由三部分——起始段、声调承载段和终止段组成。两端的基频曲线是由开始或结束发音时声带状态的改变引起的，因此不属于声调承载段。

关于声调的时长，朱晓农的《语音学》（2010）提到“声调的时长等于韵腹和韵尾的时长总和，声调的起点是韵腹的起点”。具体来说，在宽带语图上，声调的起点从元音的第二个脉冲算起，终点是第二共振峰模糊处。

本研究依据朱晓农提出的方法确定声调承载段并切分音节。为操作简便，在切分声调段时，首先切除明显的弯头和降尾部分，其次根据辅音（如塞音、擦音、塞擦音）的声学特性，将辅音声母和韵母切分出来。

6. 归一化

本研究主要对声调的主要载体基频和时长进行归一化处理。

1）基频归一化

传统的描写声调的方法耳听笔记法只是对基频感知到的音高进行描写，具有不确定性。本研究采用实验语音学的方法，通过实验软件提取客观的实验数据。但是因为不同的发音人存在发音的差异，提取的语音基频数据具有很大的可变性，因此有必要进行归一化处理。

朱晓农（2005）认为“归一化的主要目的是消除人际随机差异，提取恒定参数，即滤掉个人特性，获得具有语言学意义的信息。基频归一化的首要作用在于把对声调的感觉描绘建立在标准化的定量描写的基础上”。

基频归一化的方法选用 T 值法。T 值法是石锋（1986）在天津话的声调实验中提出的计算方法，用这种方法来建立声调的绝对音高和五度值之间的对应关系。T 值法的计算公式是：$T=\{[\lg x-\lg(\min)]/[\lg(\max)-\lg(\min)]\}\times 5$。其中，max 指上限频率，min 指下限频率，$x$ 指测量点频率，得出的 T 值就是 x 点的五度参考标度。

2）时长归一化

时长的绝对值和基频的绝对值一样要进行归一化处理才更具有可比性。关于时长的归一化处理，本研究采用游汝杰、杨剑桥（2001）的《吴语声调的实验研究》中的时长归一法，计算公式如下：

$$ND_i=\frac{D_i}{\frac{1}{N}\sum_{i=1}^{n}D_i}$$

公式表明：一种方言中某一调类的标准时长值（ND_i）等于它的绝对时长值（D_i）与这种方言中所有调类的算术平均值（$\frac{1}{N}\sum_{i=1}^{n}D_i$）的比值。

2.3　宿州方言单字调的实验分析

本节是宿州方言单字调的实验分析。

1. 基频

五位发音人的基频平均值数据见表 2-9。

表 2-9（a）　M1 单字调的基频均值

项目 声调	塞音	$F01$	$F02$	$F03$	$F04$	$F05$	$F06$	$F07$	$F08$	$F09$	$F10$	音高
阴平	平均值	116	107	104	103	103	105	106	106	104	100	21
	样本数	34	34	34	34	34	34	34	34	34	34	
阳平	平均值	199	201	203	204	202	199	191	182	170	159	54
	样本数	34	34	34	34	34	34	34	34	34	34	

续表

项目 声调	塞音	F01	F02	F03	F04	F05	F06	F07	F08	F09	F10	音高
上声	平均值	121	123	129	134	140	143	143	140	135	128	23
	样本数	36	36	36	36	36	36	36	36	36	36	
去声	平均值	195	191	181	167	152	139	128	120	112	104	51
	样本数	36	36	36	36	36	36	36	36	36	36	

表 2-9（b） M2 单字调的基频均值

项目 声调	塞音	F01	F02	F03	F04	F05	F06	F07	F08	F09	F10	音高
阴平	平均值	157	151	147	146	147	151	157	163	165	154	212
	样本数	34	34	34	34	34	34	34	34	34	34	
阳平	平均值	224	225	230	233	233	231	229	225	218	208	55
	样本数	34	34	34	34	34	34	34	34	34	34	
上声	平均值	184	185	190	196	202	205	207	208	204	193	34
	样本数	34	34	34	34	34	34	34	34	34	34	
去声	平均值	232	230	229	225	218	207	193	178	161	144	51
	样本数	34	34	34	34	34	34	34	34	34	34	

表 2-9（c） M3 单字调的基频均值

项目 声调	塞音	F01	F02	F03	F04	F05	F06	F07	F08	F09	F10	音高
阴平	平均值	125	118	112	107	105	104	104	104	104	104	31
	样本数	32	32	32	32	32	32	32	32	32	32	
阳平	平均值	134	132	132	132	132	132	131	130	127	124	44
	样本数	32	32	32	32	32	32	32	32	32	32	
上声	平均值	122	124	125	128	131	133	134	134	132	129	34
	样本数	34	34	34	34	34	34	34	34	34	34	
去声	平均值	143	141	139	137	133	129	123	116	111	106	51
	样本数	34	34	34	34	34	34	34	34	34	34	

表 2-9（d） F1 单字调的基频均值

项目 声调	塞音	*F*01	*F*02	*F*03	*F*04	*F*05	*F*06	*F*07	*F*08	*F*09	*F*10	音高
阴平	平均值	166	148	137	132	131	134	139	143	142	131	212
	样本数	36	36	36	36	36	36	36	36	36	36	
阳平	平均值	240	239	244	249	253	255	255	253	247	242	55
	样本数	36	36	36	36	36	36	36	36	36	36	
上声	平均值	165	163	164	168	174	179	182	183	182	179	23
	样本数	36	36	36	36	36	36	36	36	36	36	
去声	平均值	269	253	247	241	234	222	207	190	169	153	51
	样本数	36	36	36	36	36	36	36	36	36	36	

表 2-9（e） F2 单字调的基频均值

项目 声调	塞音	*F*01	*F*02	*F*03	*F*04	*F*05	*F*06	*F*07	*F*08	*F*09	*F*10	音高
阴平	平均值	184	176	169	165	165	166	168	169	167	163	21
	样本数	35	35	35	35	35	35	35	35	35	35	
阳平	平均值	265	269	271	270	268	266	263	258	252	245	55
	样本数	34	34	34	34	34	34	34	34	34	34	
上声	平均值	185	182	183	187	193	198	200	200	197	193	23
	样本数	35	35	35	35	35	35	35	35	35	35	
去声	平均值	276	276	272	263	252	238	222	206	191	180	51
	样本数	33	33	33	33	33	33	33	33	33	33	

F（01，…，10）是每个声调 10 个采样点的基频值。根据表 2-9 作出五位发音人单字调的基频曲线图，分别如图 2-1（a）~ 图 2-1（e）所示。

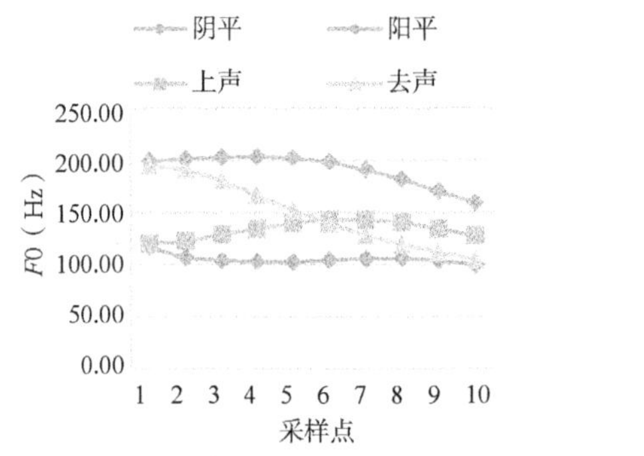

图 2-1（a） 宿州方言 M1 单字调基频曲线图

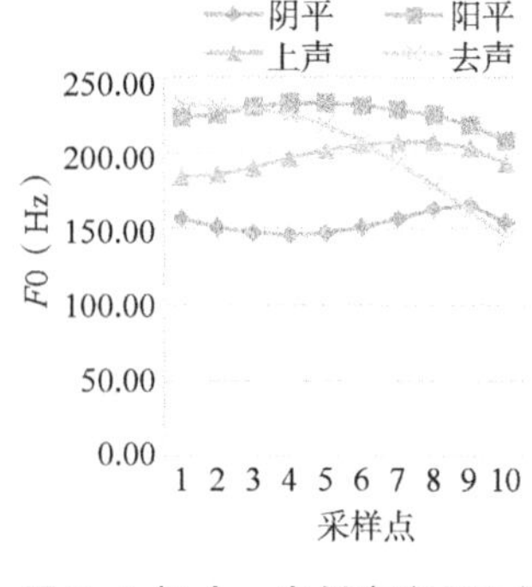

图 2-1（b） 宿州方言 M2 单字调基频曲线图

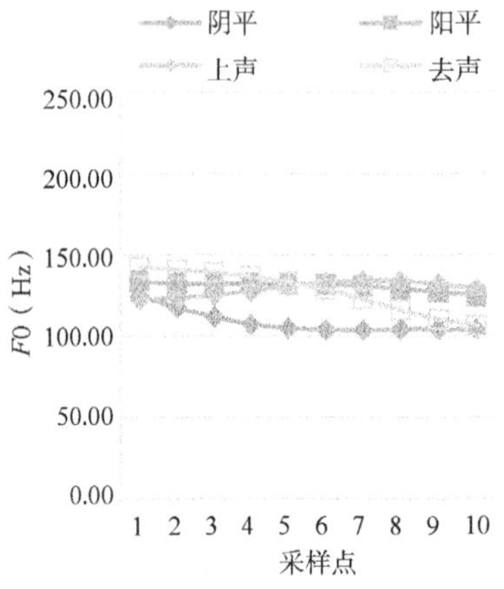

图 2-1（c） 宿州方言 M3 单字调基频曲线图

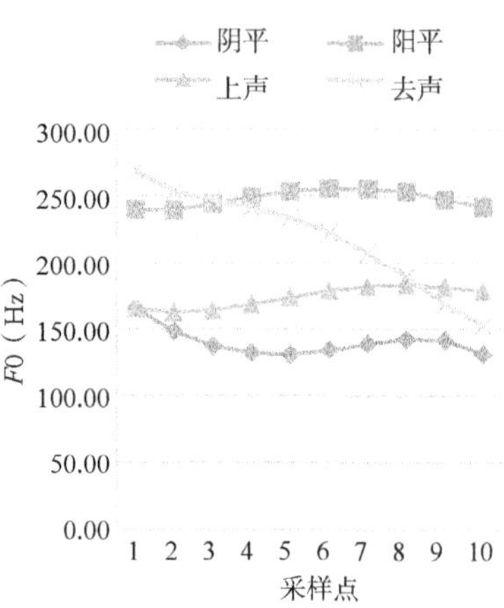

图 2-1（d） 宿州方言 F1 单字调基频曲线图

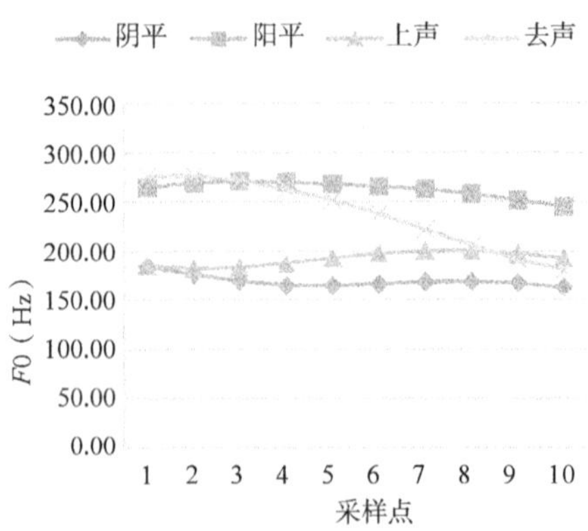

图 2-1（e） 宿州方言 F2 单字调基频曲线图

根据折线图可以看出男声（M1，M2 和 M3）的调域分别在 100 ~ 204 Hz，144 ~ 233 Hz，104 ~ 143 Hz，女声（F1 和 F2）的调域分别在 131 ~ 269 Hz，163 ~ 276 Hz。女发音人的调域普遍比男发音人的调域宽。

首先看阴平，阴平调 *F*0 曲线是一个位于调域下部的曲折凹调。在 M1 和 M2 中，凹点位于第 4 采样点，在 F1 和 F2 中，凹点位于第 5 采样点，在 M3 中，凹点位于第 7 采样点。虽然 5 位发音人的阴平调 *F*0 曲线在第 9 或第 10 采样点略微下降，但整体曲线还是曲折调。

其次是阳平，阳平调 *F*0 曲线整体位于调域上部。在 M1 中，虽然 *F*0 曲线从第 4 采样点下降趋势明显，但整体位于高调域。在 F1 中，*F*0 曲线虽然从第 7 采样点微降，但整体上是一个高平调。在 M1、M2、M3 和 F2 中，*F*0 曲线从第 4 或第 5 采样点呈下降趋势，整体是微降调。

接着是上声，上声调 *F*0 曲线位于调域的中部。在 M2、M3、F1 和 F2 中，*F*0 曲线整体呈上升趋势，只是从第 7 采样点略微下降，因此大体可以看作一个升调。但是在 M1 中，*F*0 曲线先呈上升趋势，然后从第 7 采样点大幅度下降，*F*0 曲线曲折明显。

最后是去声，5 位发音人的去声调 *F*0 曲线都是全降调，基本覆盖了整个调域。起点位于调域的上限，终点大部分位于调域的下限，2 位女性发音人 F1 和 F2 的调域下限位于阴平的终点，但是她们的去声调 *F*0 曲线的终点也位于低调域，因此去声可以视为高降调。

5 位发音人的调域结果整合见表 2–10。

表 2–10　5 位发音人单字调的调域（单位：Hz）

项目 发音人	最大值	最小值	差异
M1	204	100	104
M2	233	144	89
M3	143	104	39
F1	269	131	138
F2	276	163	113

最大值 = 最大基频值

最小值 = 最小基频值

同由图 2–1（a）~ 图 2–1（e）得出的结果一样，女发音人的调域比男发音人的调域广，这是一个普遍的声学现象。但是中年发音人的调域比老年发音人的调域窄，这一结果与普遍结论相悖。我们认为这一现象是由老年人发音时语速较慢且音高较高导致的。

2. 基频归一和调值分析

在得出发音人每个声调的 10 个采样点的基频值之后，代入前文提到的求 *T* 值的公式中可以得到声调的五度值。为了清楚地分析调值情况，五位发音人 4 个调类的调值均被作成声调格局图，具体如图 2–2（a）~ 图 2–2（e）所示。

依据实验得出的 *T* 值与五度值的对应关系是：0~1 看作 1 度，1~2 看作 2 度，2~3 看作 3 度，3~4 看作 4 度，4~5 看作 5 度。少量位于交界点的个案可以进行相关处理。

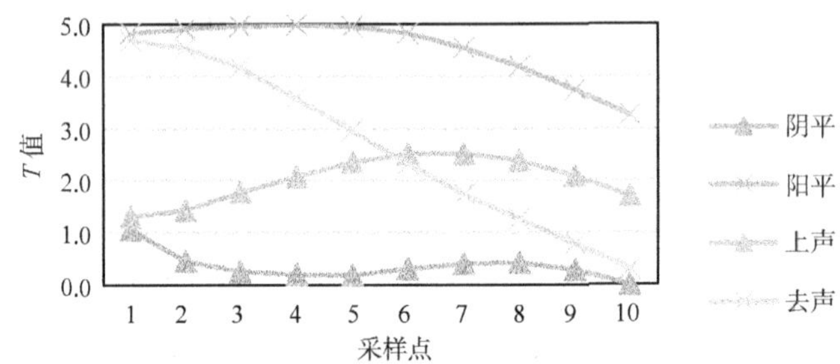

图 2–2（a） M1 单字调的五度值曲线图

从图 2–2（a）可以看出，阴平基本位于 0~1，虽然从第 5 采样点开始略有上升，但是上升幅度不大，整体可以视为低降调。因此，阴平的 *T* 值为 21。阳平的 *T* 值从 4.8 降至 3.3，可记作 54。上声的 *T* 值首先从 1.3 升至 2.5，从第 7 采样点开始下降一直降至 1.7。虽然上声的 *T* 值曲线终点落在 1~2，但是上声曲线整体呈上升趋势，故记作 23。去声毫无疑问是一个高降调，调值为 51。

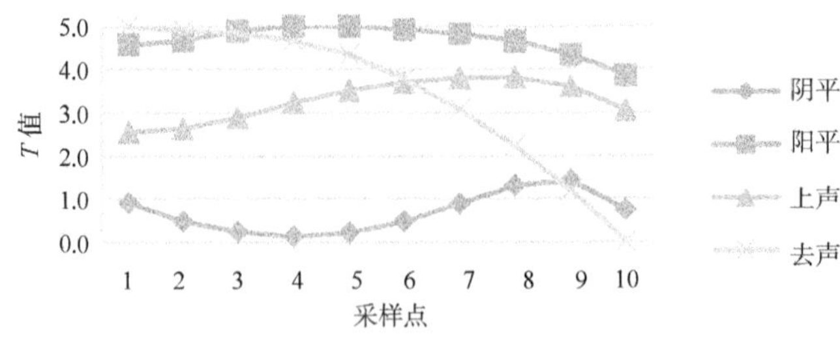

图 2–2（b） M2 单字调的五度值曲线图

从图 2-2（b）可以看出，M2 的阴平是个降升调，调值为 212。阳平是个高平调，大部分落在 4~5，因此调值为 55。上声整体是个升调，从第 8 采样点开始略微下降，可记作 34。去声明显是个高降调，调值为 51。

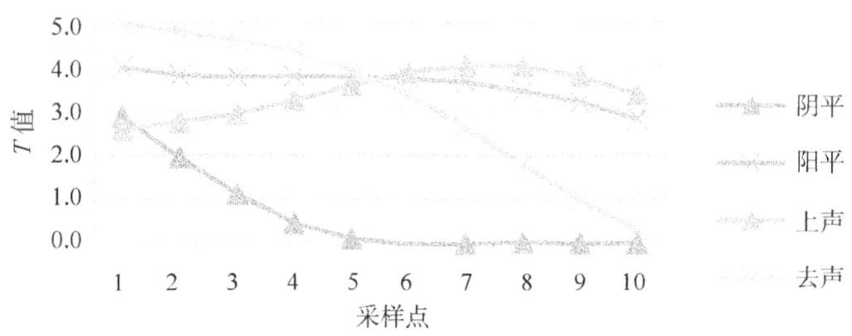

图 2-2（c）　M3 单字调的五度值曲线图

M3 的阴平调的调值不同于 M1 和 M2，调值为 31。通过观察 M3 的五度值曲线图和基频曲线图，我们可以看出阴平调的调型曲线和 *F*0 曲线有降升的趋势。五位发音人的阴平调的调型曲线和 *F*0 曲线都有此趋势。M3 的阳平调大部分落在 3 ~ 4，因此调值为 44。上声调和去声调的调型曲线同 M2 的表现相似，分别是 34 和 51。

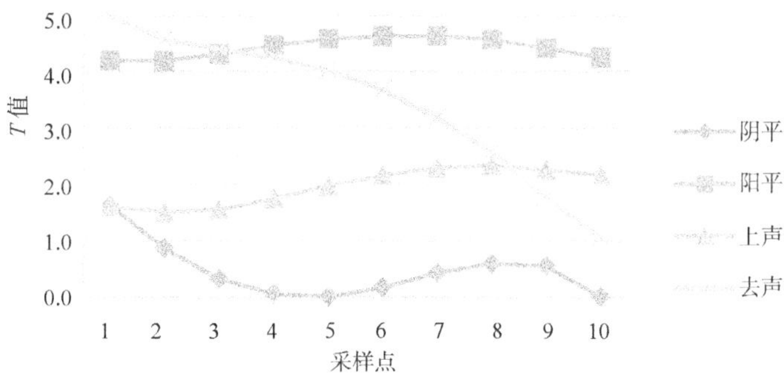

图 2-2（d）　F1 单字调的五度值曲线图

F1 的阴平调虽然有降升的趋势，但是末端远没有升至 1~2，所以我们仍将其记作 21。我们可以清楚地看到阳平调和上声调的调值分别为 55 和 23。F1 的去声调的调值不同于 M1、M2 和 M3，调值为 52，51 和 52 都是高降调，因此这两个调值在语言学意义上没有显著差别。

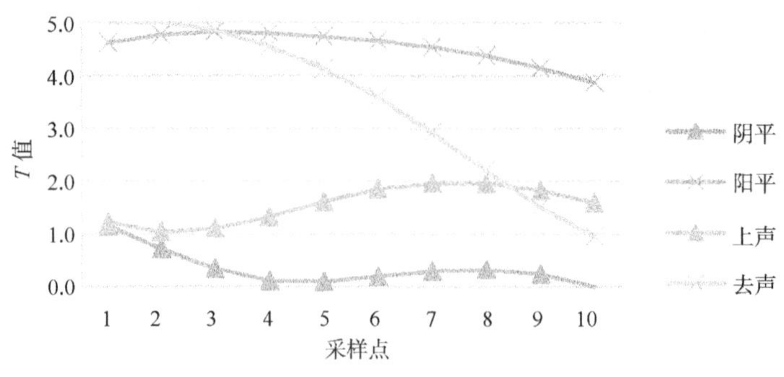

图 2–2（e） F2 单字调的五度值曲线图

F2 的阴平调起点 *T* 值为 1.2，终点 *T* 值为 0，且降升趋势不明显，故调值为 21。阳平调的调值为 55。虽然上声调的峰值只达到 2，但是上声的调型曲线整体是一个升调，因此上声调的调值为 23。F2 的去声调和 F1 的去声调表现相同，调值均为 52。

通过以上分析，我们可以得出宿州方言单字调的调值，总结如表 2–11 所示。

表 2–11　五位发音人单字调的调值

单字调	调值	音系表达
阴平	21/31	LL
阳平	55/44	HH
上声	23/34	LH
去声	51/52	HL

我们的实验结果同前人记载的宿州方言的调值基本相似。以往的研究记载的宿州方言阴平调的调值为 212，我们的研究结果显示只有 M2 的调值为 212，其他四位发音人的调值为 21 或 31。阳平调的调值同前人所述相同，为 55 或 44。先前的研究中上声调的调值为 324、35 或 24，本研究的调值结果为 23 或 34。23、34 和 24、35 相比，调型相同，但是调值的终点低了 1 度。研究文献中提出去声调的调值为 51 或 53，本实验结果为 51 或 52。52 和 53 虽然数值不同，但都可视为高降调。综合考虑五位发音人的单字调，我们将其归纳如表 2–12 所示。

表 2–12 五位发音人单字调的时长均值（单位：ms）

发音人 \ 声调	阴平	阳平	上声	去声
M1	285	239	250	189
M2	273	218	232	201
M3	208	167	179	145
F1	288	200	210	163
F2	249	170	209	136

表 2–12 显示五位发音人的单字调时长排序都是阴平 > 上声 > 阳平 > 去声。阴平的时长最长，因为 M2 的阴平是曲折调，M1、M3、F1 和 F2 的阴平调有降升的趋势。其次是升调上声，再次是阳平，高降调去声最短。

由于绝对值的比较不够准确，为了消除性别、发音风格等因素所造成的人际差异，我们需要将单字调的绝对时长归一化。具体做法是，首先求出 4 个调类调长的总均值，然后求出各个声调调长的均值，最后求出各个声调调长的均值与 4 个调类调长的总均值的比值。这个比值就是各声调的相对调长。表 2–13 是归一化处理后得到的单字调各个调类的相对时长 ND_i（保留两位小数）。

表 2–13 五位发音人单字调的相对时长

发音人 \ 声调	阴平	阳平	上声	去声
M1	1.18	0.99	1.04	0.79
M2	1.18	0.94	1.00	0.87
M3	1.19	0.96	1.02	0.83
F1	1.34	0.93	0.96	0.76
F2	1.30	0.89	1.09	0.71

对比男发音人和女发音人的时长，我们可以看到女发音人去声的时长短于男发音人，这或许能够解释为什么女发音人去声的调值是 52 而不是 51。此外，女发音人阳平的时长也短于男发音人，但阴平的时长比男发音人的长。

2.4 宿州方言双字调的实验分析

宿州方言有 4 个调类，因此双字调有 4×4=16 种类型。也就是说不考虑轻声，宿州方言共有 16 种双字调组合形式。本节分析双字调的基频、调值和时长，以揭示双字调连读变调的模式和规律。

1. 基频

双字调基频的获得方式同单字调一样，都是利用脚本在 Praat 中提取出来，然后导入 Excel 中对基频数据进行平均并进一步代入 *T* 值公式中求 *T* 值。表 2–14 给出了五位发音人 16 种双字组结构的调值。

表 2–14 五位发音人双字组的调值

前字 + 后字			后字			
			T1（212/21）	T2（55/44/54）	T3（34/23）	T4（51/52）
前字	T1	M1	23+21	21+33	21+232	212+42
		M2	34+212	31+44	21+24	212+51
		M3	34+41	31+33	31+24	31+52
		F1	34+21	32+34	32+23	32+42
		F2	34+21	31+44	31+23	31+42
	T2	M1	55+21	55+54	54+232	55+52
		M2	54+212	54+54	55+45	55+53
		M3	44+31	55+55	54+34	55+52
		F1	55+21	44+44	44+23	55+53
		F2	55+21	55+55	55+34	55+52
	T3	M1	34+21	23+43	34+232	23+51
		M2	45+212	23+54	45+34	34+51
		M3	34+41	32+54	34+23	23+42
		F1	34+21	23+44	23+23	23+53
		F2	34+21	32+44	34+23	23+52

续表

	T4	M1	51+21	51+44	52+232	53+52
		M2	52+212	52+44	51+24	53+52
		M3	53+21	51+33	52+23	53+42
		F1	53+21	53+34	53+23	53+42
		F2	53+21	52+33	52+23	53+42

就调域而言，和单字调相比，双字调的调域扩大了。下面我们以一位男发音人（M2）和两位女发音人（F1、F2）的实验数据和语图为例具体分析，见表 2–15。

表 2–15　双字调的调域（单位：Hz）

项目 发音人	最大值	最小值	差异
M2	249	119	130
F1	336	119	217
F2	285	131	154

M2 的调域扩大 39 Hz，F1 和 F2 的调域分别扩大 79 Hz 和 41 Hz。石锋（1990）解释道“双字调的调域扩大可以更好地区分连读变调的类型”。

表 2–16（a）~ 表 2–16（d）展示了 16 种双字调组合的基频值。为了简便，我们用 T1、T2、T3、T4 代表阴平、阳平、上声、去声，TX 是除了轻声外的任何声。

表 2–16（a）　T1+TX

项目 声调		发音人	样本数	平均值									
				*F*01	*F*02	*F*03	*F*04	*F*05	*F*06	*F*07	*F*08	*F*09	*F*10
T1+T1	前字	M2	16	184	187	193	201	207	214	219	220	212	187
		F1	15	208	208	212	219	229	238	246	252	254	252
		F2	15	192	190	192	199	206	214	220	224	226	223
	后字	M2	16	160	147	140	139	140	142	145	149	149	134
		F1	15	179	162	148	141	137	136	135	133	128	119
		F2	15	181	161	150	144	142	141	140	139	139	138

续表

声调	项目	发音人	样本数	平均值									
				*F*01	*F*02	*F*03	*F*04	*F*05	*F*06	*F*07	*F*08	*F*09	*F*10
T1+T2	前字	M2	16	165	157	152	148	143	140	138	137	137	132
		F1	16	198	191	182	174	166	160	154	150	148	146
		F2	16	191	178	169	162	156	152	150	147	145	141
	后字	M2	16	191	199	205	209	211	211	208	201	190	180
		F1	16	201	205	211	218	223	227	229	229	228	227
		F2	16	196	201	207	209	211	211	211	209	205	200
T1+T3	前字	M2	16	162	156	149	144	139	135	133	130	126	119
		F1	16	197	190	184	178	171	166	161	157	153	150
		F2	16	199	191	185	179	174	169	165	161	157	152
	后字	M2	16	144	152	161	170	179	186	192	195	193	186
		F1	16	164	165	168	175	183	190	194	196	196	194
		F2	16	165	166	170	176	181	186	189	188	183	175
T1+T4	前字	M2	16	158	151	144	141	141	142	145	150	155	151
		F1	14	189	180	172	165	161	159	157	157	159	160
		F2	16	185	177	169	163	159	156	154	153	151	148
	后字	M2	16	210	220	224	222	215	203	186	168	150	128
		F1	14	235	241	244	243	238	231	221	207	189	176
		F2	16	240	243	244	238	228	217	203	189	174	163

表 2-16（b） T2+TX

声调	项目	发音人	样本数	平均值									
				*F*01	*F*02	*F*03	*F*04	*F*05	*F*06	*F*07	*F*08	*F*09	*F*10
T2+T1	前字	M2	16	222	223	224	225	226	226	225	222	215	201
		F1	15	260	264	267	269	272	275	278	281	281	280
		F2	14	260	266	271	275	277	278	278	278	276	270
	后字	M2	16	140	130	123	121	122	126	131	137	139	132
		F1	15	171	158	146	139	138	137	135	132	128	122
		F2	14	172	162	155	151	148	147	146	146	145	145

续表

项目 声调		发音人	样本数	平均值									
				F01	F02	F03	F04	F05	F06	F07	F08	F09	F10
T2+T2	前字	M2	16	229	229	230	230	229	228	227	225	220	209
		F1	16	266	267	268	269	270	271	271	270	268	264
		F2	16	260	262	263	264	264	264	263	262	259	255
	后字	M2	16	235	233	233	233	231	228	224	217	208	202
		F1	16	276	274	274	274	274	274	273	271	268	267
		F2	16	257	261	262	262	261	259	256	252	247	241
T2+T3	前字	M2	16	233	233	232	231	229	228	227	226	223	215
		F1	16	274	271	270	269	268	268	266	264	262	257
		F2	16	261	263	263	263	263	262	262	260	257	251
	后字	M2	16	200	199	201	204	207	210	213	215	213	212
		F1	16	192	189	190	194	199	202	204	203	199	192
		F2	16	188	187	190	194	198	202	204	203	198	188
T2+T4	前字	M2	14	227	231	231	232	232	230	228	226	224	218
		F1	14	291	290	291	293	295	298	301	303	305	304
		F2	15	267	268	269	270	271	271	272	271	269	263
	后字	M2	14	239	236	231	226	219	211	201	189	176	163
		F1	14	336	328	318	306	291	273	254	236	217	201
		F2	15	283	279	270	257	241	224	209	196	185	177

表 2-16（c）　T3+TX

项目 声调		发音人	样本数	平均值									
				F01	F02	F03	F04	F05	F06	F07	F08	F09	F10
T3+T1	前字	M2	16	195	194	194	195	197	200	201	202	201	199
		F1	16	202	203	209	219	231	242	252	259	262	260
		F2	15	199	199	204	212	223	233	241	245	246	240
	后字	M2	16	147	138	132	130	132	135	139	143	144	135
		F1	16	174	166	155	146	141	137	133	129	125	119
		F2	15	173	157	148	143	141	140	140	139	138	137

续表

声调 \ 项目		发音人	样本数	平均值									
				*F*01	*F*02	*F*03	*F*04	*F*05	*F*06	*F*07	*F*08	*F*09	*F*10
T3+T2	前字	M2	16	169	165	162	163	167	171	175	180	183	183
		F1	15	175	170	167	168	171	175	181	186	190	191
		F2	14	181	175	172	171	172	172	173	174	174	173
	后字	M2	16	227	230	232	233	233	230	227	222	213	203
		F1	15	254	252	253	255	257	258	257	254	250	245
		F2	14	226	231	235	237	236	235	232	228	221	212
T3+T3	前字	M2	16	199	198	202	208	212	214	214	212	208	200
		F1	16	211	208	210	214	220	226	231	235	235	233
		F2	16	190	189	191	195	201	207	211	214	215	213
	后字	M2	16	191	190	190	193	197	200	202	203	200	195
		F1	16	191	187	188	192	196	200	201	200	198	193
		F2	16	181	174	172	174	177	180	182	183	181	176
T3+T4	前字	M2	16	164	162	162	163	166	169	172	177	183	186
		F1	14	176	172	171	171	174	180	191	202	211	216
		F2	16	179	175	172	171	172	174	176	180	183	186
	后字	M2	16	236	236	232	225	215	200	184	167	150	133
		F1	14	278	275	271	265	257	247	235	218	200	186
		F2	16	259	258	252	242	228	213	197	183	171	160

表 2-16（d） T4+TX

声调 \ 项目		发音人	样本数	平均值									
				*F*01	*F*02	*F*03	*F*04	*F*05	*F*06	*F*07	*F*08	*F*09	*F*10
T4+T1	前字	M2	16	247	245	237	228	214	200	188	177	166	146
		F1	15	318	311	304	294	282	266	250	234	217	202
		F2	16	285	284	279	272	262	251	239	225	212	199
	后字	M2	16	134	128	124	123	126	132	139	146	146	130
		F1	15	158	152	147	143	142	140	138	138	136	135
		F2	16	158	149	143	140	138	137	137	136	134	131

续表

声调＼项目		发音人	样本数	平均值									
				*F*01	*F*02	*F*03	*F*04	*F*05	*F*06	*F*07	*F*08	*F*09	*F*10
T4+T2	前字	M2	16	230	228	221	209	193	178	166	156	149	146
		F1	14	287	280	271	260	247	231	212	194	178	170
		F2	16	261	259	251	239	223	209	194	180	169	160
	后字	M2	14	188	197	206	213	218	219	218	215	208	199
		F1	14	206	211	217	221	225	228	230	231	230	228
		F2	16	188	193	198	202	204	205	204	200	193	182
T4+T3	前字	M2	16	249	245	238	226	211	193	175	161	150	138
		F1	15	308	299	287	273	255	234	213	195	181	172
		F2	16	269	266	258	245	230	213	197	182	170	159
	后字	M2	15	156	160	167	176	184	191	197	200	199	196
		F1	16	174	170	172	176	180	186	190	193	194	194
		F2	16	157	159	163	167	171	175	178	178	174	167
T4+T4	前字	M2	15	218	215	211	205	197	192	189	187	187	185
		F1	14	265	260	255	249	241	231	221	213	206	201
		F2	15	272	268	261	252	241	228	215	203	193	185
	后字	M2	15	225	230	230	227	221	213	201	184	168	151
		F1	14	248	250	250	247	242	235	225	213	197	186
		F2	15	229	233	232	225	214	202	190	178	167	157

归一化后的基频值，即 *T* 值曲线如图 2-3（a）~ 图 2-3（d）所示。

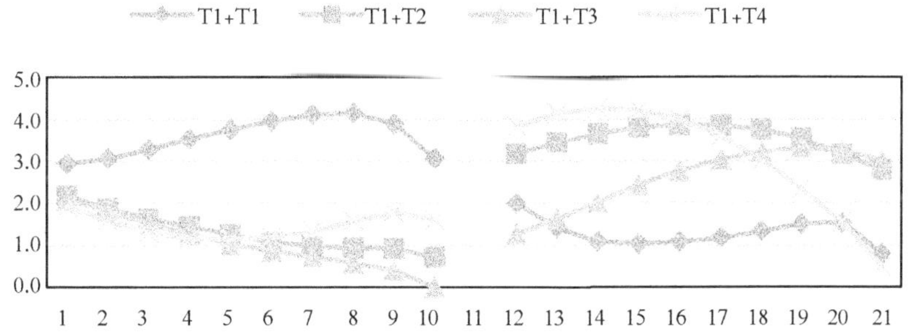

图 2-3（a）　M2："阴平 +X" *T* 值曲线图

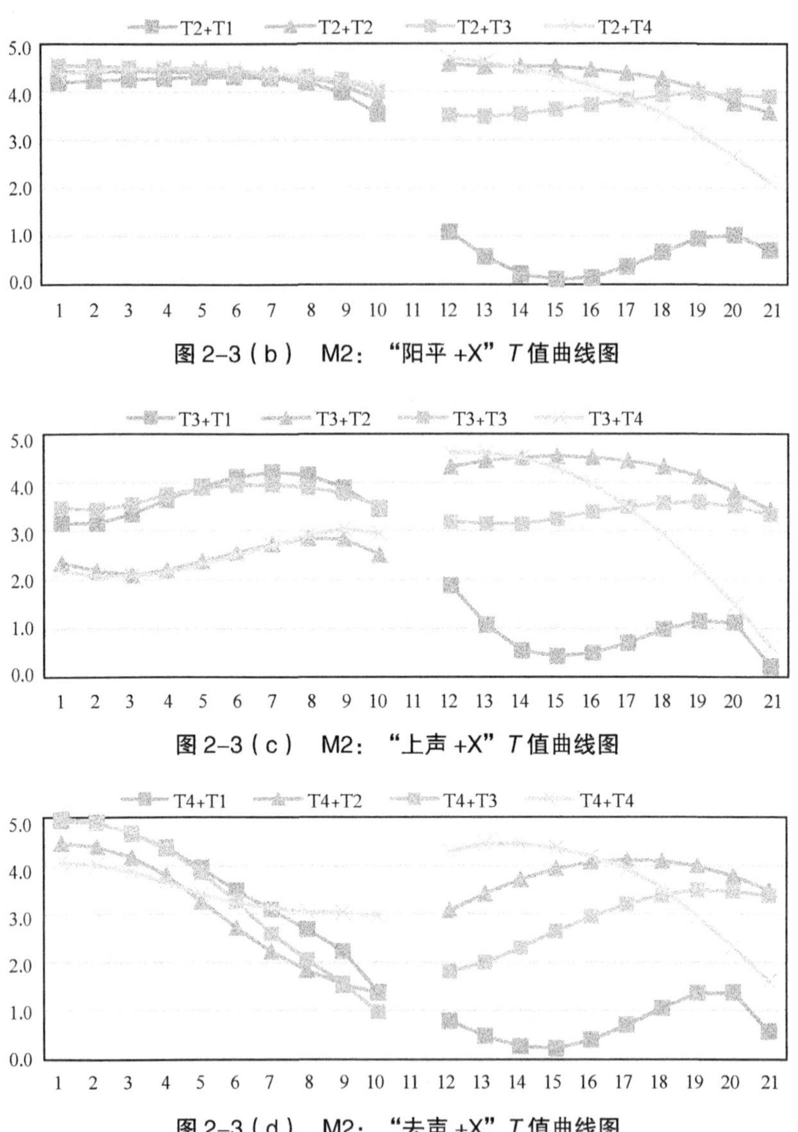

图 2–3（b） M2：“阳平 +X” *T* 值曲线图

图 2–3（c） M2：“上声 +X” *T* 值曲线图

图 2–3（d） M2：“去声 +X” *T* 值曲线图

从“阴平 +X”图中可以看出，对于 M2 而言，当后字为阴平时，前字调型由单念时的曲折调变成升调，调值由 212 变成 34，后字不变调，仍是 212。当后字为阳平和上声时，前字调值变成 21，后字维持单念时的调值：44 和 24。当后字为去声时，前字和后字调值均和单念时相同，分别为 212 和 51。关于阴平 + 阳平 / 上声中，前字调值由 212 变成 21 的情况，一些语言学家视其为连读变调，也有一些语言学家认为这是两个凹调连读时因为时长缩短只保留部分调素的情况。考虑到其他发音人的连读变调表现，我们不把这种情况算作宿州市方言连读变调的一种类型。因此，在“阴平 +X”中，只存在“阴平 + 阴平”这一种变调类型。

从“阳平 +X”图中可以看出，当后字为阴平时，后字调值不变，前字调值虽不是单念时的 55 而是 54，但是都可算作高平调。当后字为阳平时，前后字调值都是 54。当后字为上声或去声时，前字调值保持 55 不变，后字调值分别为 45 和 53。虽然后字调值同单念时的调值不同，但调型相同。在“阳平 + 去声”中，去声的终点没有降至 1 而是 3，可能因为后字位于非重读位置。通过分析得出结论：“阳平 +X”组合中不存在连读变调的情况。

从“上声 +X”图中可以看出，当后字为阴平和上声时，前字调值为 45，后字调值为 212 和 34。后字调值和单念时相同，前字调值比单念时上升了，但调型没变。在“上声 + 阴平 / 上声”中，虽然前字上声的调值曲线从第 7 或第 8 采样点略有下降，但整个调型依然是升调，因此我们记作 45。在“上声 + 上声”中，虽然后字全部落在 3–4 之间，考虑到调值曲线是个升调，调值记为 34。在“上声 + 阳平 / 去声”中，前后字调值均和单念时相同。因此，“上声 +X”组合中也不存在连读变调的情况。

从“去声 +X”图中可以看出，当后字为阴平 / 阳平 / 上声时，前字调值都是 52，后字调值分别为 212、44 和 24。虽然 44 和 24 数值不同于单念时的 55 和 34，但调型和单念时无变化。当后字为去声时，前后字调值分别为 53 和 52，前字调值为 53 可能是因为协同发音的影响（后字起点调值较高）。

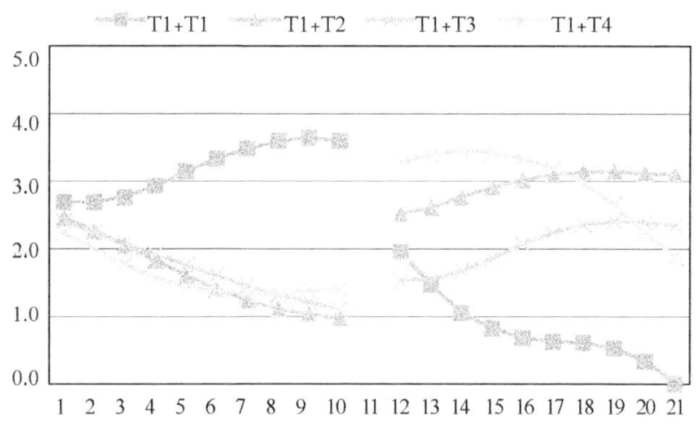

图 2–3（e）　F1：“阴平 +X” T 值曲线图

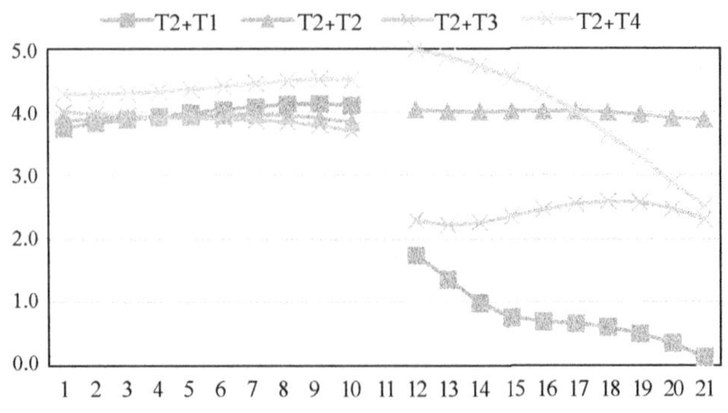

图 2-3（f） F1：“阳平 +X” *T* 值曲线图

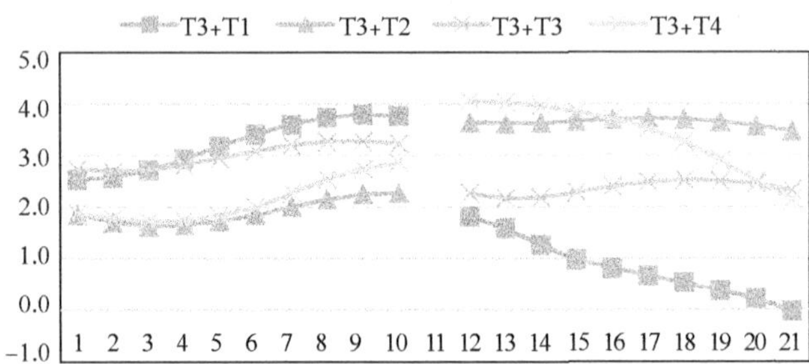

图 2-3（g） F1：“上声 +X” *T* 值曲线图

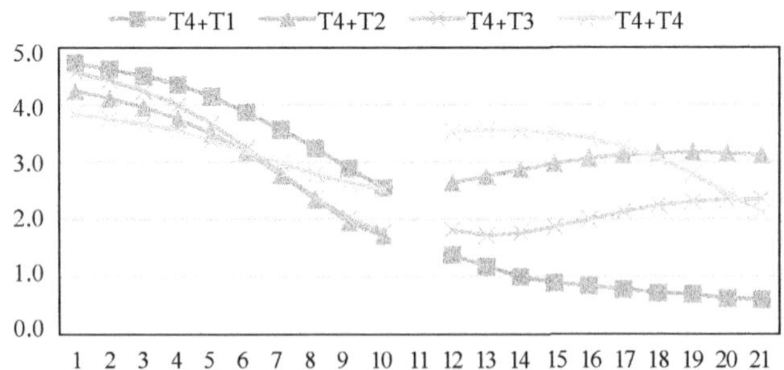

图 2-3（h） F1：“去声 +X” *T* 值曲线图

观察图 2-3（e）~ 图 2-3（h），我们可以得出结论。对于 F1 来说，连读变调只存在于“阴平 + 阴平”组合中，前字调值由 21 变成 34，后字维持 21 不变。

分析图 2-3（e）~ 图 2-3（h），可以发现去声在双字组中调值具有多样性，调值有 52、53、42、43。当去声位于双字组后字时，如果前一个音节终点调值为 4 或者 5，那么去声调值为 53，例如“阳平 / 上声 + 去声”的情况；如果前一个音节终点调值为 2 或者 3，那么去声调值为 42，例如“阴平 / 去声 + 去声”的情况。当去声位于双字调的前字时，调值为 52、53。在去声 + 阳平 / 上声中，去声的调值和单念时相同，为 52。在去声 + 阴平 / 去声中，前字去声的调值为 53。

阳平在双字组中的调值也具有多样性。F1 的阳平调单念时调值为 55。当阳平位于双字组前字时，阴平或者去声前的阳平调值为 55，阳平或上声前的阳平调值为 44。当阳平位于双字组后字时，如果前字为阴平或者去声，阳平调值为 34；如果前字为上声（升调）或者阳平（高平调），阳平调值为 44。55 和 44 毫无疑问都属于高平调，在这些双字组结构中，阳平不经历连读变调，那么 34 呢？我们应该视其为连读变调还是协同发音？观察图 2–3（e）~ 图 2–3（h），可以看出当阳平前为阴平或者去声，并且阴平或去声的终点调值为低调 1 或 2 时，阳平的调值为 34；当阳平前为阳平或上声，并且两者的终点调值为高调时，阳平的调值为 44。因此我们可以得出结论：双字组中阳平调值的改变是协同发音的结果而不是连读变调。

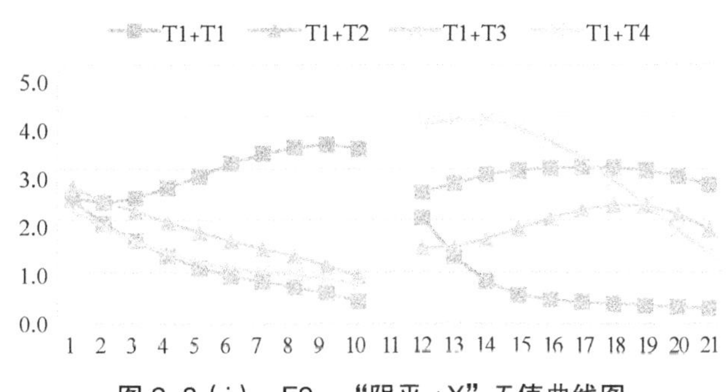

图 2–3（i） F2：“阴平 +X” *T* 值曲线图

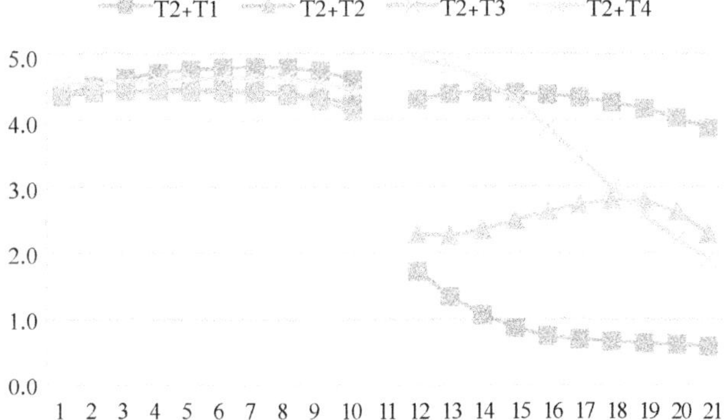

图 2–3（j） F2：“阳平 +X” *T* 值曲线图

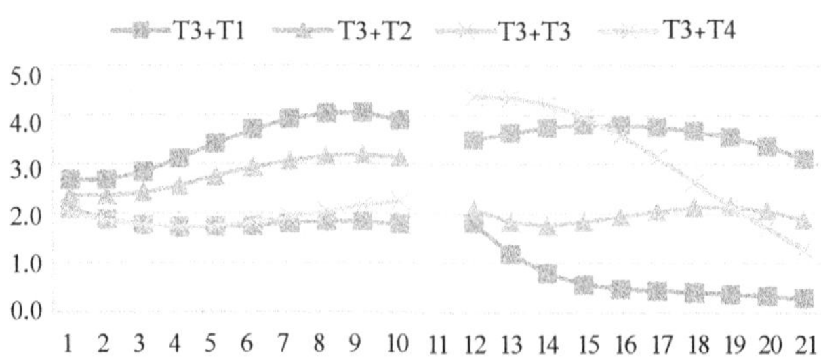

图 2-3（k） F2：“上声 +X”*T* 值曲线图

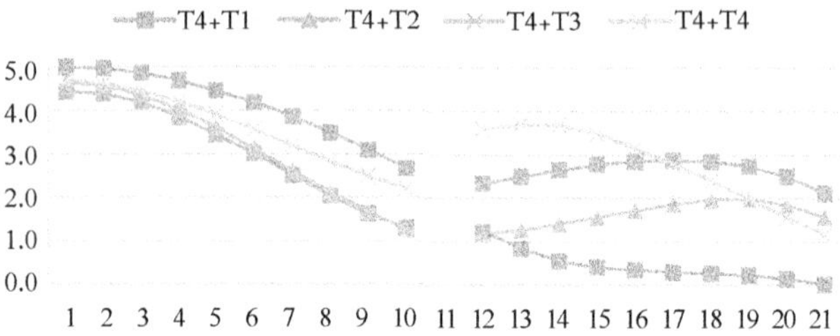

图 2-3（l） F2：“去声 +X”*T* 值曲线图

对于 F2 而言，位于后字的阳平的调值也具有多样性，调值为 33、44 或 55。造成这一现象的原因同 F1 中位于后字的阳平表现一样，也是受协同发音影响。

为了清楚地显示在宿州市方言中哪些声调发生了连读变调，我们进一步在表 2-17 中列出 16 种双字组结构的调值情况并把变调的情况凸显出来。

表 2-17 宿州市方言双字组连读变调

前字 + 后字		后字			
		T1（212/21）	T2（55/44/54）	T3（232/34/23）	T4（51/52）
前字	T1（212/21/31）	23/45/34+T1	T1+T1	T1+T3	T1+T4
	T2（55/44/54）	T2+T1	T2+T2	T2+T3	T2+T4
	T3（232/34/23）	T3+T1	T3+T2	T3+T3	T3+T4
	T4（51/52）	T4+T1	T4+T2	T4+T3	T4+T4

根据表 2-17，总结如下。

① 老派宿州市方言和新派宿州市方言的变调规则相同，即阴平在阴平前变成升调。

② 宿州市方言双字组连读变调不受词汇或语法条件限制，因为不同结构的双字组例词

连读变调规则相同。

③ 宿州市方言同大部分北方方言一样都是前字变调语言。

④ 阴平在阴平前调值变成 23 或 34，上声的单字调调值是 23 或 34，所以我们可以说阴平调在阴平前变成上声调。

⑤ 严格来说，宿州市方言双字组只有一种变调形式：

阴平→上声 /____ 阴平

2. 时长

双字组声调的时长具体见表 2–18。

表 2–18　双字组的时长

前字			后字			
			T1	T2	T3	T4
前字	T1	M2	236+268	214+210	203+238	199+207
		F1	147+184	124+185	112+228	149+158
		F2	140+255	142+195	120+236	152+164
	T2	M2	170+282	142+206	159+221	149+177
		F1	110+176	102+159	104+202	95+131
		F2	133+193	115+177	129+211	105+156
	T3	M2	168+287	167+202	157+215	165+171
		F1	140+150	145+170	136+205	142+132
		F2	134+219	136+193	130+198	122+164
	T4	M2	200+268	195+203	190+216	157+207
		F1	151+174	141+171	140+189	115+148
		F2	125+234	136+177	134+170	112+166

M2 双字组前字的平均时长是 179 毫秒，后字是 224 毫秒。F1 前字和后字的平均时长分别是 129 毫秒和 173 毫秒。F2 前字和后字的平均时长分别是 129 毫秒和 194 毫秒。如果我们把前字的时长记为 1，前字和后字声调时长的比例如下：

M2 前字：后字 =1：1.25

F1 前字：后字 =1：1.35

F2 前字：后字 =1：1.50。

从前字与后字的时长比例中可以得出如下结论：双字组结构中，后字的时长比前字的时长长 25%~50%；对于更年轻的女性发音人 F2 来说，后字的时长远远大于前字的时长。

为了消除发音人的个体差异，也应该把绝对时长标准化。为在发音人自身与发音人之间进行时长对比，三位发音人标准化后的时长数据被转换成折线图。具体如图 2-4 所示。

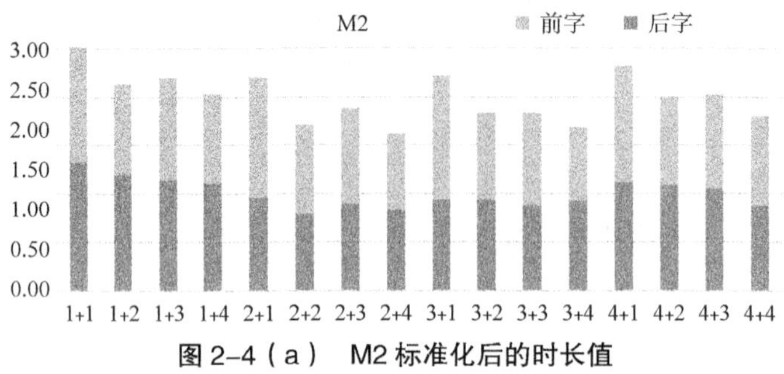

图 2-4（a） M2 标准化后的时长值

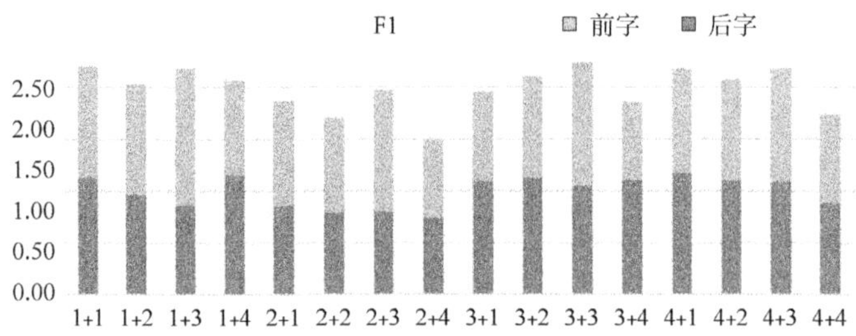

图 2-4（b） F1 标准化后的时长值

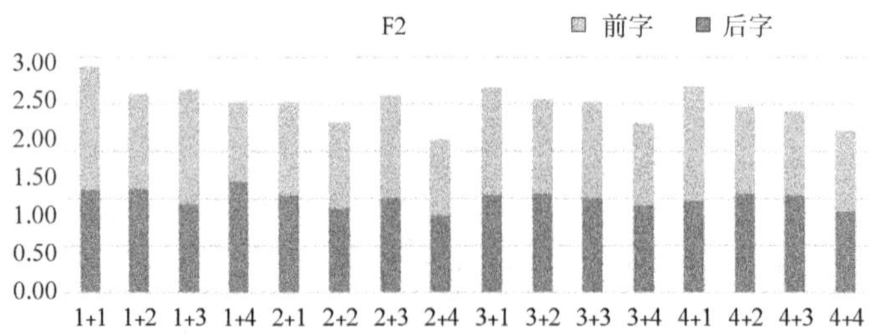

图 2-4（c） F2 标准化后的时长值

观察图 2-4（a）~ 图 2-4（c）可以得出如下结论：TX+T1 的时长通常比其他的双字组结构时长长；总的来说，T1+T1（升调 + 凹调）时长最长，T2+T4（高平调 + 高降调）时长最短；特殊情况发生在 F1 中，TX+T3 的时长和 TX+T1 的时长相当甚至长于后者，这种情况可能是与发音人的发音习惯有关。

第 3 章 优选论及分析方法[1]

优选论（Optimality Theory，简称 OT）是 20 世纪 90 年代出现的一种生成音系学理论。1991 年 4 月，美国音系学家、节律音系学的创始人之一 Alan Prince 和美国认知科学家 Paul Smolensky 在美国亚利桑那州第二大城市图森市召开的亚利桑那大学音系学研讨会上宣读了一篇题为《优选》（*Optimality*）的论文。这是优选论的首次公开亮相。两年后，他们两人合写的专著《优选论：生成语法中制约条件的交互作用》（Prince & Smolensky 1993）问世，成为优选论的奠基之作。优选论一反经典生成音系学（SPE 理论，Chomsky & Halle 1968）以规则与推导为中心的体系，用具有普遍性的制约条件取代因语言而异的规则，用全局性的平行评估代替局部性的串行推导，提高了音系分析的解释力，并且较完满地解决了当时困扰音系学界的共谋问题（conspiracy problem）和重复问题（duplication problem）。因此，优选论一经问世便风靡欧美音系学界。它最初源自并应用于音系学，后来也被用于构词学、句法学、语义学、心理语言学、社会语言学以及第一和第二语言习得方面的研究。

3.1 生成音系学的发展

到目前为止生成音系学的发展经历了三个阶段：SPE 理论时期、非线性理论时期、优

1 本章主要内容曾作为专著《汉语轻声的优选论分析》（天津大学出版社，2012年，作者：路继伦、王嘉龄等）里的一章。

选论时期。

1.SPE 理论时期

第一个时期的理论，以 SPE（The Sound Pattern of English）所阐释的理论为主，因此被称为 SPE 理论，也被称为生成音系学的标准理论或生成音系学经典理论。SPE 出版于 1968 年，是第一部全面阐释生成音系学理论的著作。

1）SPE 理论特点

SPE 理论是 Chomsky 提出的生成语法理论的一个有机组成部分。

生成语法的研究对象是人的头脑中的语言知识。作为生成语法组成部分的生成音系学，其研究对象，是人脑中有关语音系统的知识。这一点与在它之前的结构主义音位学是截然不同的。结构主义音位学的研究对象是收集到的语音材料，属于外部语言（e-language）；而生成音系学研究的则是人脑中的音系知识，属于内部语言（i-language）。

生成音系学的任务是对上述头脑中的音系知识给予形式化表述。这一点与结构主义音位学也是截然不同的。结构主义音位学的任务是用一套发现程序（主要是切分、认同、分类等方法）从收集到的语料中整理出该语言的音位系统。

生成音系学的基本假设是音系结构有两个表达层面：底层表达式和表层表达式。语素的底层表达式，是储存在大脑词库中的词汇表达式（lexical representation）；句子的底层表达式是从句法部分输出的。表层表达式（也称语音表达式）则是实际说出来的话语的形式化的表达式。这两种表达式，在有些情况下是不同的。

2）SPE 理论的基本框架

SPE 理论的基本框架为

底层表达式 → 音系规则 →表层表达式（语音表达式）

这个框架说明，音系规则应用于底层表达式，推导出表层表达式。由于音系规则不只一条，从底层表达式到表层表达式之间，可能要经过若干中间表达式。

SPE 理论是由表达式和音系规则两个部分组成的。

3）SPE 理论中的表达式

① 无论是底层表达式，还是表层表达式，其基本单位都是区别特征（distinctive feature）。这和结构主义音位学也是完全不同的。结构主义音位学的基本单位是音位（phoneme），SPE 理论中没有音位的地位。SPE 理论有一套自己的区别特征，是根据发音

而来的，如 [前部性][舌冠性][浊音性] 等。区别特征为二分值（+ 或 -）。

② 表达式的形式是由区别特征构成的特征矩阵（feature matrix）。

③ 每个语素在词库（lexicon）中只有一个词汇表达式。

④ 词库中的每个特征均赋值（+ 或 -）。

⑤ 词组和句子的底层表达式是用调整规则（readjustment rules）作用于句法部分输出的表层结构后得到的。它基本上包括由语素的词汇表达式构成的线性序列和从句法中带来的表层结构。

4）SPE 理论中的音系规则

① 规则的标准格式：A → B / X __ Y

② 音系规则是有序的。

③ 规则按照构词或句法结构成分从内向外循环应用（cyclic application），每运用一次便将其运用辖域的括号删掉。

2. 非线性理论时期

第二个时期可以叫作非线性理论的时期。1976 年，第一个非线性理论自主音段音系学诞生（Goldsmith 1976），开启了非线性理论的时期。这一个时期的理论从 1976 年自主音段音系学问世起，至 1993 年优选论的创始专著（Prince & Smolensky 1993）出现为止。与第一个时期 SPE 理论一家独秀不同的是，这一时期出现了以下多个新的理论。

① 自主音段音系学（autosegmental phonology）。这是对 SPE 理论线性框的最早突破，出现在声调研究方面。在此之前，声调都被认为是音段或音节的属性。这一理论认为，声调不是音段的固有属性，而是能独立于音段的“自主音段”。因此，声调特征不应该放在特征矩阵中，而应属于一个独立音层（tier）。

② 节律音系学（metrical phonology）。在重音研究中从另一个方面突破了 SPE 理论的线性框架。论证了重音并不是元音的固有特征，不是元音特征矩阵的一部分，而是一种关系。

③ 生成音系学的音节理论（syllable theory）。论证了音节在音系分析中的重要性，并首先将自主音段理论用于音节的分析。这就为生成音系学的音节理论打下了基础。

④ 词汇音系学（lexical phonology）。词汇音系学把音系规则分为两类。一类是词汇规则，在词库中与构词规则按层次有序地交互作用，产生派生词和合成词的词汇表达式；另一类是后词汇规则，仍应用于从句法输出的表达式，推导出表层表达式。两类规则具有不同的

特点。这一理论扩大了音系规则的内容和应用范围，使音系规则的研究更为全面深入。

⑤ 特征几何（feature geometry）。认为特征与特征之间有一种结构关系。这种关系可用树形图表示。

⑥ 韵律结构与句法结构不同，但与句法结构又有一定的关系，对韵律结构的研究构成了一种新的理论，叫韵律音系学（prosodic phonology）。

⑦ SPE 理论认为，词库中的每个区别特征都应赋值（+ 或 –）。后来人们认识到，有的特征可由音系规则赋值，有的可由缺省规则赋值，在词库中不必都赋值。这样做可使词汇表达式更为简明严谨。这种理论被称为不充分赋值理论（underspecification theory）。

这一时期出现的各个理论，综合起来，使 SPE 理论发生了很大的变化。但是它们在与生成语法的关系、研究对象、任务、基本假设及理论框架等诸方面，与 SPE 理论并没有什么不同，都具有上边提到的生成音系学的特点。

3. 优选论时期

第三个时期为优选论时期。优选论的框架与 SPE 理论截然不同，两者比较如下。

1）SPE 理论的框架

底层表达式 → 音系规则 →表层表达式（语音表达式）

2） 优选论的框架

输入项→生成装置→若干候选项→评估装置→优选项（输出项）

（输入项相当于 SPE 理论的底层表达式，输出项相当于 SPE 理论的表层表达式）

比较一下 SPE 理论与优选论的理论框架，我们可以看出两者是非常不一样的。SPE 理论用音系规则从底层表达式推导出表层表达式，而优选论则用生成装置从输入项生成若干候选项，然后经过评估装置评选出优选项（输出项）。前面我们提到，非线性理论与 SPE 理论的理论框架是相同的。优选论与 SPE 理论之不同，大于非线性理论与 SPE 理论之不同。尽管如此，优选论仍属于生成音系学的范畴，因为优选论的研究对象、任务和基本假设与前面所说生成音系学的研究对象、任务和基本假设是一样的。在表达式方面，优选论并没有自己的一套东西，而是采用非线性理论的表达式，而非线性理论也是生成音系学的一个发展阶段。而且，优选论的奠基作《优选论》（Prince & Smolensky 1993）的副标题“生成语法中制约条件的交互作用”，更明白地说出这一理论是属于生成语法的范围。

3.2　优选论的基本内容

1. 优选论的框架

输入项 → 生成装置 → 若干候选项 → 评估装置 → 优选项

Input → Gen（erator）→ Candidates → Eval（uator）→ Optimal Candidate

生成装置（Generator，简称 Gen）是普遍语法的一个固定部分，它作用于输入项（可视为相当于底层形式），输出若干个候选项，这些候选项进入评估装置，经筛选后输出优选项（表层形式）。评估装置由具有层级排列的制约条件构成。评估候选项时，用制约条件从高到低对候选项进行淘汰，直至选出优选项。这种评估用一种评估图式（tableau）来表示。在图式左上方是输入项，由生成装置生成的各候选项在图式左边自上而下排列，各项制约条件按层级高低从左到右排列，制约条件与候选项交叉之间的空格，用来表示候选项是否违反制约条件，见表 3–1。

表 3–1　优选论评估竞选表

输入项	制约条件 1	制约条件 2	制约条件 3	制约条件 4
候选项 A				
候选项 B				
候选项 C				
候选项 D				
候选项 E				

评估时，用制约条件，从左到右逐条对每一个候选项进行评估。对违反制约条件的候选项，在空格里用星号表示，每违反一次，画一个星号。用一条制约条件对全部候选项评估后，如有违反该制约条件的候选项，则在违反制约条件的第一个星号后面打一个惊叹号，表示将该候选项淘汰出局。淘汰出局后，它仍可参加评估，但不论后面评估情况如何，它都没有被选为输出项的资格。如果有资格参加评估的候选项，都违反某项制约条件，则将星号多的淘汰出局。如两个候选项星号一样多，就要再看后面的评估情况。经过所有制约条件的评估，剩下一个没有被淘汰出局的候选项，就是优选项（输出项），在它左边用小手表示。表 3–2 是运用评估图式进行评估的实例。

表 3-2 运用评估图式进行的评估

输入项	制约条件 1	制约条件 2	制约条件 3	制约条件 4
候选项 A	*!			*
候选项 B		*!		
☞ 候选项 C			*	
候选项 D			**!	*
候选项 E			*	*!

从表 3-2 可以看出，在从左向右的评估中，候选项 A 因违反制约条件 1 而首先被淘汰出局。候选项 B 违反制约条件 2 跟着被淘汰出局。候选项 C、D、E 均违反制约条件 3，但候选项 D 违反两次因而被淘汰出局。候选项 C、E 均违反制约条件 3 一次，但候选项 E 还违反后面的制约条件 4，所以也被淘汰出局。候选项 C 虽然违反了制约条件 3，但它是五个候选项中违反制约条件最轻的，因而被选为优选项，用小手表示。候选项 A 和 D 还违反制约条件 4，但因其已被淘汰出局，因而便无关紧要了。

2. 制约条件的特点

优选论的制约条件有两大特点：普遍性（universality）和可违反性（violability）。

优选论与 SPE 理论的一个很大的区别在于：SPE 理论的音系规则是因语言而异的，不同语言有不同的音系规则，因此对研究语法的普遍性意义不大。而优选论的制约条件则具有普遍性，是存在于普遍语法之中的。各种语言具有相同的制约条件，它们的区别在于制约条件的层级排列不同。优选论认为，所有语言的制约条件是共同的，体现语言的共性（普遍性），而各种不同语言的特性表现为对这些制约条件所进行的不同层级排列。因此对制约条件的研究，就是对普遍语法的研究。

在其他音系理论中，制约条件是不可违反的，就是说，违反了制约条件就是不合格的（ill-formed）。而优选论的制约条件是可违反的，违反了制约条件，仍有可能被评为优选项。这是因为，其他音系理论的制约条件之间不存在层级排列，因此都是不可违反的，而优选论的制约条件有层级排列，排列位置最高的制约条件，是不可违反的，而排列位置低的制约条件则是可违反的。因此，它的普遍性不在于它必须适用于所有语言，而是表现为一种普遍的趋向。例如，优选论有一条“首音制约条件”，要求音节必须有首音，也就是说音节不能以元音开头。这是一种普遍倾向，许多语言都是这样的，例如北京话。可能有人认为零声母就是没有声母。实际上，北京人读零声母音节时，在前面也加上喉音性辅音或半元音；在开口呼韵母前面往往有一个比较轻微的喉塞音或喉擦音；在齐齿呼、合口呼和撮口呼韵母前面往往带有一个同部位的半元音（林焘、王理嘉 1992）。因此，北京话没有元音开头的音节，但每个音节都得有首音。但也有音节无首音的语言，如英语。在对汉语和英语的音节用优选论进行分析时，都要用首音制约条件，而区别在于它在不同的层级排列中和另一条制约条件“不增（Max）”（要求候选项不能增添音段）的排列先后位置不同。在汉语中，“首音制约条件”排在“不增”之前，见表 3-3，而在英语中，“首音制约条件”排在“不增”之后，如（4）所示。

表 3-3 汉语“安”的音节分析

输入项 an	首音	不增
an	*!	
☞ ʔan		*

首音加哪个音，决定于其他制约条件，这里从略。* 表示违反该制约条件；! 表示致命违反；☞ 表示优选项；阴影区域表示对此区域制约条件的违反不影响最终结果。

表 3-4 英语“ant（蚂蚁）”的音节分析

输入项 ant	不增	首音
☞ ant	*!	
ʔant		*

汉语将“首音” 排在“不增”之前，评估出的优选项是带首音 ʔ 的“ʔan”，而英语将“不增”排在“首音”之前，评估出的优选项是不带首音 ʔ 的“ant”。

3.3 制约条件的分类

优选论的制约条件主要有两大类：忠实性制约条件（faithfulness constraints）和标记性制约条件（markedness constraints）。忠实性制约条件要求输出项和输入项保持一致，就是要保持词的底层形式，这是为了达到清晰的目的，使听话人能听得明白。标记性制约条件要求输出项必须符合或不违反某些结构上或特征上的要求。这些制约条件所要求出现的是无标记的、较自然的结构，以达到说话人省力的目的。正如清晰和省力是处于互相冲突之中的一对矛盾，忠实性制约条件和标记性制约条件也一直处于互相冲突之中。对这两种制约条件进行层级排列，就是用来处理两者之间的这种矛盾关系的。不同的语言或方言对这两种制约条件进行不同的层级排列，体现出它们各自不同的音系特点。

1. 忠实性制约条件

早期优选论（Prince & Smolensky 1993）主要用于研究音节划分、音步和重音。随着优选论的发展，分析的范围逐渐扩大，从音节划分、音步等韵律的研究扩大到各种音段和特征。对应理论中的忠实性制约条件要求输出项和输入项中的对应成分保持一致。

① 输出项不删除输入项成分数目的制约条件叫作 Maximalit，意思是最大限度地保存输出项成分的数目，即不删减，简称 Max，汉语可译为“不删”。

② 输出项不增加输入项成分数目的制约条件叫作 Dependency，意思是输出项成分的数目要依赖于输入项，即不增，简称 Dep，汉语可译为“不增”。以上两个制约条件只要求输出项和输入项的成分（如音段）数目相同，并不要求内容相同。

③ 要求输出项和输入项的成分内容相同的制约条件叫作 Identity，简称 Iden，汉语可译为“不变”。例如，输入项为 ABCD，输出候选项为 ABC，违反“不删”；输出候选项为 ABCDX，则违反“不增”；输出候选项为 ABCX，则输出项不违反“不增”和“不删”，而违反“不变”。“不变”又可根据区别特征细分为若干制约条件，如“不变（浊）”（即音段的清浊不变）、“不变（调）”（即声调特征不变）等等。以上是忠实性制约条件。

2. 标记性制约条件

另一类制约条件是标记性制约条件。忠实性理论涉及输出项和输入项，而标记性制约条件只看输出项（更具体地说是生成装置生成的各个候选输出项）是否符合制约条件的要求。这些制约条件有关于音段特征的，如①②，也有关于韵律结构的，如③④。

① $*NV_{口}$。（N 表示鼻音，V 表示元音，$V_{口}$表示口元音，* 表示不合格，这条制约条件说的是鼻音后边不能有口元音）

② 两个元音之间的辅音是浊音。

③ 音节必须有首音。

④ 音节不能有尾音。

这些制约条件要采用语言中的非标记现象，而不能采用标记现象。例如，各种语言中音节有首音是多数，属非标记现象，而音节没有首音是标记现象。因此，有关制约条件是“音节必须有首音”，而不能是“音节不能有首音”。

制约条件可以是正面的（必须……），如（上面的②③），也可以是负面的（不能……），如（上面的①④）。

3.4　优选论优越之处

和 SPE 理论相比，优选论有两个优越之处。

第一，优选论解决了 SPE 所不能解决的共谋（Conspiracy）问题。所谓“共谋”，就是 SPE 中有一些不同的规则，达到的是同一个目标（即过程的多样性和目标的同一性），如下所列五条规则：

① Ø → C / V__V（两个元音之间插入一个辅音）；

② V → Ø / __V（删除两个相邻元音中前边的元音）；

③ V → Ø / V__（删除两个相邻元音中后边的元音）；

④ V → G / __V（两个相邻元音中第一个元音变为滑音）；

⑤ V → G / V__（两个相邻元音中第二个元音变为滑音）。

（G 代表 Glide 滑音，即半元音）

以上音系规则表达的五种过程具有共同之处，即目的都是为了避开两个相邻元音，因此被有的音系学家称为“共谋”现象。但从 SPE 所提供的音系规则中，看不出它们之间的内在联系。而优选论用“*VV”这样一条标记性制约条件就可以把它们之间的关系说清楚了。诚然，这条制约条件“*VV”并不能告诉你，是要在中间插入辅音还是要删除哪一个元音，但那些具体情况可由“*VV”和其他制约条件的相互作用而定。

第二，优选论解决了 SPE 理论所不能解决的重复问题（Duplication Problem）。Goldsmith（1995）说，音系学应研究三个主要问题，第一个是语音配列（phonotactics）问题，即一种语言中有哪些音，音与音应怎样结合以组成音节与词等；第二个是交替形式（alternation），即一个词素出现在不同语境中的不同语音形式；第三个是某一语言中哪些语音区别具有对比（contrastive）性质。SPE 理论的音系规则是以交替形式为动因而来的。底层表达式是语素的词库表达，通过音系规则推导出表层表达，即语素在各个不同语境中的实现形式。对于与交替形式没有直接关系的语音配列，SPE理论及其后一些理论很少涉及。但这个问题是任何音系描写与分析中所不可忽视的，如英语中前元音都是非圆唇的（[- 后位性][- 圆唇性]）、没有圆唇的（*[- 后位性][+ 圆唇性]）；再如北京话首音不能有两个相邻的阻塞音等等。那么，SPE 是如何处理这一问题的呢？根据 SPE 理论，在某一语言中有些特征具有区别意义，另一些特征则不具有区别意义。例如，在一个无圆唇前元音的语言（例如英语）中，[后位性] 具有区别意义，而 [圆唇性] 则不具有区别意义。因此，词库在表征前元音时只对 [后位性] 赋值为 [- 后位性]，而对 [圆唇性] 不赋值。然后由在词库中起作用的词库羡余规则（lexical redundancy）赋 [圆唇性] 的值，得到其底层表达式为 [- 后位性] → [- 圆唇性]。

这是一条语境自由（context-free）规则，即在任何情况下都适用，不受语境限制的规则。由于这种规则规定词素在音系上应由哪些音按照何种结合方式构成，因此也称为语素结构规则（morpheme structure rule）。但如果在这种语言中后元音 u 和 o 在后缀的前元音 i 和 e 之前变为 i 或 e，如 put+i 变为 piti，kop+i 变为 kepi，那么就需要制定一条元音前移规则。

这样，词库羡余规则与元音前移规则，都为实现同一个目标服务，产生了重复问题。重复问题实际上也是共谋问题的一个特殊案例。为了解决这个问题，不少音系学家采用了不同的办法，但效果均不理想。

优选论对于重复问题采用制约条件的交互作用加以解决。如对上述例子采用前 /* 圆（前元音不能圆唇）这样一条制约条件。

3.5　如何进行优选论分析

要用优选论来分析某一音系现象，首先是从人们认可的目前已有的制约条件中选出相关的制约条件，并加以排序。在选择并排序时，一般要两条两条地选。如上所述，制约条件分为两大类：忠实性制约条件和标记性制约条件。忠实性制约条件要求输出项和输入项相一致，主要有不增、不删、不变、锚定、连续、线性等六种。每一种均可细化为若干种。标记性制约条件要求输出项必须符合某种合格条件，这种合格条件应是无标记现象，而不能是有标记现象。如音节有首音是无标记现象，无首音是标记现象。那么标记性制约条件必须符合无标记现象，即音节必须有首音，而不能是音节不准有首音。在选择忠实性制约条件和标记性制约条件进行排序时，选择的两种制约条件必须是相互冲突的。在决定排序时，要用两个制约条件，在两种不同的排序评估表中对两个输出候选项进行评估，评估来的优选项（小手所示）符合语料，该顺序即为正确顺序，见表 3–5。

表 3–5（a） 排序评估表

输入项：/XY/	制约条件 1	制约条件 2
☞ 候选项 1		*
候选项 2	*!	

表 3–5（b） 排序评估表

输入项：/XY/	制约条件 1	制约条件 2
☞ 候选项 1	*!	
候选项 2		*

表 3–5（a）中制约条件 1 排在制约条件 2 之前（制约条件 1 ＞制约条件 2），评估出来的优选项是候选项 1；表 3–5（b）中制约条件 2 排在制约条件 1 之前（制约条件 2 ＞制约条件 1），评估出来的优选项是候选项 2。如候选项 1 符合语料，则“制约条件 1 ＞制约条件 2”是正确的排序；如候选项 2 符合语料，则“制约条件 2 ＞制约条件 1”是正确的排序（“＞”左边制约条件排在“＞”右边制约条件之前）。

用以上方法可找出两个制约条件在某语言中的正确排序。这种方法可称为 2×2 测验法。简言之，2×2 测验法就是将两项制约条件按两种顺序，对两个相关的候选项进行评估。要注意的是运用这个测验方法时，两个制约条件必须在排序不同时，选出不同候选项为优选项，如排序不同却选出同一候选项为优选项，则测验无效，得不出两个制约条件的正确排序。表 3–6 所示是不合格的检测，不能排出两个制约条件的顺序。

表 3–6（a） 不合格检测

输入项：/XY/	制约条件 1	制约条件 2
☞ 候选项 1		
候选项 2	*!	

表 3-6（b） 不合格检测

输入项：/XY/	制约条件 1	制约条件 2
☞ 候选项 1		
候选项 2		*!

上边例子中表明要增加的制约条件最好从已公认的制约条件里选出来。另外，如果能通过原有制约条件的不同相互作用中找到解决方法，就是最好不过的了。但如果通过原有制约条件的不同相互作用不能解决问题，已有制约条件也找不出合适的话，就只好自己制定了。不过这要十分谨慎小心，因为一个新的制约条件不单单是为了解决当前问题而随意凑成的。

在优选论中，制约条件要具有普遍性和可违反性，如许多语言（不是所有语言）音节都需要有首音，这时就可以制定一条“首音”制约条件。要注意的是制约条件要简洁明确。因此，要写“音节要有首音”（这样每一个音节没有首音就违反了这一制约条件一次，画一个星号），而不能写“音节倾向于有首音”，因为那样就无法明确地评估并画星号了。制约条件还要有类型学意义。如“首音”制约条件和“不增”制约条件排序不同就可以定义两种不同音节类型的语言。“首音 > 不增”定义的语言音节必须有首音，“不增 > 首音”定义的语言音节首音可有可无。另外，制约条件中不宜有“除非”之类的字眼。除外的情况应分解出来成为另一个制约条件。如“除在词首外，音节都要有首音”这样的制约条件应分解为两条：“音节要有首音”和“同界——左（词，音节）”。这后一条同界制约条件要求音节第一个音段要与词的第一个音段同界。如果词的第一个音段是元音，词首第一个音段也应是元音才能与它同界，如增添首音（辅音），则词的左边缘与音节的左边缘不同界，违反了同界制约条件。

在层级排列时，要将“同界”排到“首音”前边，才能体现出“除在词首外”的情况，见表 3-7。

表 3-7 “同界”与“首音”的排序

输入项 VCVCV	同界——左（词，音节）	首音
☞ V.CV.CV		*
CV.CV.CV	* !	

最后要用排好层次排序的制约条件，用评估图式对一些输入项进行评估，以测验是否

正确。

进行优选论分析的第二步是选出候选项。

在选候选项时，首先要进行排除，例如在分析某一方言二字连读变调时，如已知在连读时，右字都不变调，那么我们就可以将右字不变调这一制约条件放在排序最前面，在选候选项时，就可以不再选右字变调的候选项了。其次，一般将与输入项完全相同的形式作为首选候选项。这个候选项称为完全忠实候选项（fully faithful candidate，简称 FFC），然后再逐一改变其特征。如分析连读变调中，输入项为 LH（L 为低调、H 为高调），首先 FFC 是 LH，然后可选 HH、LL，再选 HL。

最后总结一下用优选论进行分析的步骤。

① 从已有的制约条件中选出适合要分析的语料的制约条件；

② 用 2×2 检测法对选出的制约条件进行排序；

③ 在原有制约条件不足以分析给定音系现象时，可制定新的制约条件，但制约条件不可随意，要有普遍性和阶乘分类的意义；

④ 将选出和制定的条件放在一起排序；

⑤ 用评估图式对要分析的音系现象进行评估分析，以验证所用的制约条件及其层级排列是否正确。

第 4 章　天津方言连读变调的优选论分析[1]

“优选论”用具有交互作用的制约条件代替了经典音系学的音系推导规则，有较强的解释力。王嘉龄先生（2002）用“优选论”方法分析了天津话连读变调现象，提出了解释天津话连读变调的制约条件及排序，可以解释所有天津话连读变调的问题。

4.1　天津话的声调及连读变调的音系表征

天津话不同于普通话的最大特点就是天津话的声调，其中阴平是天津话和普通话差异最大的一个声调（韩根东 1993）。同普通话一样，天津话也有阴平、阳平、上声、去声四个声调。根据前人研究，天津话的阳平、上声、去声三个声调的调值基本上与普通话相同。但其阴平不像普通话那样是高平调，而是低平调。

人们一般会用两个调值来标注天津话的声调，天津话的阴平调值一般被认为是 11 或者 21。但近来有学者发现天津话的阴平调值已经变为了 31，如王晓梅（2011）等。天津话四个声调的调值分别为：

阴平 11/21/31　　阳平 55/45　　上声 213/214　　去声 53/51

1 本章部分内容曾以“天津话连读变调的优选论再分析”为题，发表在《东方学术论坛》2017 年第 4 期，作者：路继伦。

也有学者，如石锋（1986）等，将每个声调都用三个值来标记。

阴平 211　　阳平 455　　上声 113　　去声 553

虽然不同学者得出的天津话声调调值略有不同，但王嘉龄（2002）认为从音系学方面来看，用 H（高）、L（低）这两个声调特征，就足可以对天津话四个声调进行区别和表述。如果我们把每个声调用两个声调特征来描写的话，其音系表征分别为：

阴平 LL　　阳平 HH　　上声 LH　　去声 HL

人们普遍认为天津话在连续语流中，有四种连读变调，用音系表征为：

① 阴平 + 阴平 → 上声 + 阴平（LL+LL → LH+LL）

② 上声 + 上声 → 阳平 + 上声（LH+LH → HH+LH）

③ 去声 + 去声 → 阴平 + 去声（HL+HL → LL+HL）

④ 去声 + 阴平 → 阳平 + 阴平（HL+LL → HH+LL）

4.2　天津话连读变调的优选论分析

本节讨论上面提到的大家普遍认为天津话存在的四种连读变调情况。除大家公认的老派天津话，也有学者，如路继伦（1997），认为天津话中存在着另一种新的连读变调。他发现许多天津人特别是年轻人，两个阴平（LL）连读时前一个阴平没有变为上声（LH），而是变为阳平（HH）。但这一新的连读变调，只是原有一种变调的变化结果发生了变化而不是出现了一种新的变调条件。而且这种新的变调大多出现在年轻人当中，故本节的讨论将不涉及这一新的变调现象。

黄良喜等（2005）认为天津方言中共存在六种连读变调。除上面提到的四种连读变调外，他们提出还有两种变调现象，即

① 上声 + 阳平 → 阴平 + 阳平 （如：沈阳）

② 上声 + 去声 → 阴平 + 去声 （如：讲话）

不难看出黄良喜等认为上声在阳平和去声前也发生了变调，变为阴平。马秋武、贾媛（2006）对此提出了质疑，并通过声学实验和听辨实验证明天津人对上述两字组中阳平和去声前的阴平是能辨别出来的，并能同上声区别开来，仍为两个不同的声调。换句话说，上声在阳平和去声前虽有一定变化，但尚未达到调类变化，并没有同阴平归为一类，也就是未发生变调。鉴于此，本节的讨论也不涉及这两种现象。

Prince 和 Smolensky（1993）提出的“优选论”用具有交互作用的制约条件代替了经典音系学的音系推导规则，有较强的解释力。这些制约条件应具有普遍性，是有等级排序的。这些制约条件的等级排序因语言的不同而不同。同时，它们又是可以被违反的。王嘉龄先生（2002）用“优选论”方法分析了天津话连读变调现象，提出了如下解释天津话连读变调的制约条件及排序。

1. 天津话连读变调的制约条件

“优选论”把制约条件分为忠实性和标记性两类相互冲突的制约条件。天津话中大部分调调组合还是不变调的，是保持原来声调特征的。在两字组的 16 种组合中只有 4 种是产生变调的。

阴平 + 阴平（变调）　阳平 + 阴平　上声 + 阴平　去声 + 阴平（变调）

阴平 + 阳平　阳平 + 阳平　上声 + 阳平　去声 + 阳平

阴平 + 上声　阳平 + 上声　上声 + 上声（变调）　去声 + 上声

阴平 + 去声　阳平 + 去声　上声 + 去声　去声 + 去声（变调）

因此，为了保证大部分组合不产生变调，应先有一个禁止变调的忠实性制约条件。

1）“不变调”

输入项的每个声调的两个声调特征在输出项中均保持不变。

这一制约条件是说，输入的声调在输出中要保持不变，不仅是整个调不变，就连每个调所具有的两个声调特征（H、L）也都不能变，哪怕变一个也不可以。

天津话中变调后其声调特征数没有增加或减少，故应有不删除和不增添另外两个忠实性制约条件。

2）“不删除”

输入项中的每个声调特征要在输出项中保留。

这一制约条件要求原来的两个声调特征，变调后不能减少，还要保持有两个。

3）“不增添”

输出项中的每个声调特征是输入项中原来就有的。

这一制约条件是说原来的两个声调特征，变调后不能增加，还只能是两个。

天津话两字组连读变调都是前字变，后字一律不变。因此，还应有一个不允许后字变调的忠实性制约条件。

4）“右不变”

两字组中的后字保持不变调。

以上四个制约条件都是忠实性制约条件，也就是为了保证声调不发生变化，哪怕是改变一个声调特征也不可以。但天津话中毕竟还有四种组合发生变调。为了能产生变调现象，还需要有一些允许变调出现又保障变化结果合乎语言实际的标记性制约条件。王嘉龄先生（2002）给出了如下标记性制约条件。

5）“相同曲拱制约条件”（*XY.XY）

禁止两个相同的曲折调（非平调）相邻（. 表示音节边界）。

天津话中上声是曲折调 LH，去声是曲折调 HL。这一制约条件解决了上声 + 上声，去声 + 去声需要变调的问题。这是典型的“强制性曲折原则”（Obligatory Contour Principle）（马秋武 2005）。它解释了天津话中四种变调的两个变调问题。同时，它允许了阳平 + 阳平（HH+HH）两个非曲折调（高平调）在一起不产生变调。但它也提供了允许两个阴平（低平调，非曲折调）在一起不产生变调的可能性。然而，虽然阴平的声调特征是 LL，是低平调，但是它在另一个阴平前却要变调。换句话说，两个非曲折调，起码是两个低平调在一起时，也要发生变调。这怎么办呢？显然，这需要另一条标记性制约条件。

6）“连续低调制约条件”（*L.LL）

禁止两个 L 值的调前面再出现 L 值。

这一制约条件的设定不仅解决了阴平 + 阴平（LL.LL）的变调问题，它也解决了去声 + 阴平（HL.LL）需要变调的问题。这样四个变调现象都解决了。那么，变调结果是否也符合这些制约条件要求呢？我们看一下。

阴平 + 阴平 LL+LL → 上声 + 阴平 LH +LL，变调结果不违反任何制约条件，符合制约条件的要求。

上声 + 上声 LH+LH → 阳平 + 上声 HH+LH，变调结果也不违反任何制约条件，符合制约条件要求。但它为什么不变为阴平 + 上声 LL+LH 或去声 + 上声 HL+LH 呢？这种假设的变调结果也符合以上制约条件的要求。这说明还有一条规则制约着它不变为阴平或去声。王嘉龄先生（2002）给出了另一条标记性制约条件。

7）“邻调制约条件”（*X.X）

前字调的后一个声调特征与后字调的前一个声调特征不能相同。

因为阴平（LL）和去声（HL）的后一个声调特征都是 L，而后面的上声（LH）的前一个声调特征也是 L，如果前字变为阴平或去声就违反了“*X.X”这一制约条件。这条制约条件使得上声 + 上声只能变为阳平 + 上声，而不能变为阴平 + 上声或去声 + 上声。

2. 制约条件的排序

王嘉龄先生（2002）将以上七条制约条件进行了如下层级排列：

不删除，不增添，右不变 >*L.LL，*XY.XY >不变调 > *X.X

表 1-4~ 表 4-4 是这些制约条件的图式操作（由于不删除、不增添，右不变这三个制约条件，在解决变调现象中不起作用，故图式中省去了）。

表 4-1　阴平 + 阴平→上声 + 阴平（LL+LL → LH+LL）

输入项：LL.LL	*L.LL	*XY.XY	不变调	*X.X
LL.LL	*!			*
☞ LH.LL			*	
HL.LL	*!		*	*
HH.LL			**!	

表 4-2　去声 + 阴平→阳平 + 阴平（HL+LL → HH+LL）

输入项：HL.LL	*L.LL	*XY.XY	不变调	*X.X
LL.LL	*!		*	*
LH.LL			**!	
HL.LL	*!			*
☞ HH.LL			*	

表 4-3　上声 + 上声→阳平 + 上声（LH+LH → HH+LH）

输入项：LH.LH	* L.LL	*XY.XY	不变调	*X.X
LH.LH		*!		
☞ HH.LH			*	
LL.LH			*	*!
HL.LH			**!	*

表 4-4　去声 + 去声→阴平 + 去声（HL+HL → LL+HL）

输入项：HL.HL	* L.LL	*XY.XY	不变调	*X.X
HL.HL		*!		
HH.HL			*	*!
☞ LL.HL			*	
LH.HL			**!	*

至此，王嘉龄先生（2002）所给出的制约条件和排序可以解释所有天津话连读变调的问题。那么，这样的制约条件和排序是否也适合那些不变调的情况呢？我们一起来看下面的分析。先看阴平 +TX（TX 代表四声中任何一个声调）的情况，见表 4-5~ 表 4-7。

表 4-5　阴平 + 阳平→阴平 + 阳平（LL+HH → LL+HH）

输入项：LL.HH	* L.LL	*XY.XY	不变调	*X.X
☞ LL.HH				
LH.HH			*!	*
HL.HH			*!	
HH.HH			*!*	*

表 4-5 所给出的制约条件和排序可以得出正确语言数据。

表 4-6　阴平 + 上声→阴平 + 上声（LL+LH → LL+LH）

输入项：LL.LH	* L.LL	*XY.XY	不变调	*X.X
☞ LL.LH				*
LH.LH		*!	*	
HL.LH			*!	*
HH.LH			*!*	

表 4-6 所给出的制约条件和排序可以得出正确语言数据。

表 4-7　阴平 + 去声→阴平 + 去声（LL+HL → LL+HL）

输入项：LL.HL	* L.LL	*XY.XY	不变调	*X.X
☞ LL.HL				

续表

输入项：LL.HL	* L.LL	*XY.XY	不变调	*X.X
LH.HL			*!	*
HL.HL		*!	*!	
HH.HL			*!*	*

表 4-7 所给出的制约条件和排序可以得出正确语言数据。至此，所给出的制约条件和排序可以解释所有阴平 +TX 的情况。下面再来看阳平 +TX 的情况，见表 4-8~ 表 4-11。

表 4-8　阳平 + 阴平→阳平 + 阴平（HH+LL → HH+LL）

输入项：HH.LL	*L.LL	*XY.XY	不变调	*X.X
☞ HH.LL				
LH.LL			*!	
HL.LL	*!		*	*
LL.LL	*!		**	*

表 4-8 可以得出正确语言数据。

表 4-9　阳平 + 阳平→阳平 + 阳平（HH+HH → HH+HH）

输入项：HH.HH	*L.LL	*XY.XY	不变调	*X.X
☞ HH.HH				*
LH.HH			*!	*
HL.HH			*!	
LL.HH			*!*	

表 4-9 可以得出正确语言数据。

表 4-10　阳平 + 上声→阳平 + 上声（HH+LH → HH+LH）

输入项：HH.LH	*L.LL	*XY.XY	不变调	*X.X
☞ HH.LH				
LH.LH		*!	*	
HL.LH			*!	*
LL.LH			*!*	*

表 4–10 可以得出正确语言数据。

表 4–11　阳平 + 去声→阳平 + 去声（HH+HL → HH+HL）

输入项：HH.HL	*L.LL	*XY.XY	不变调	*X.X
☞ HH.HL				*
LH.HL			*!	*
HL.HL		*!	*	
LL.HL			*!*	

表 4–11 可以得出正确语言数据。至此，所给出的制约条件和排序可以解释所有阳平 +TX 的情况。下面再来看上声 +TX 的情况，见表 4–12~ 表 4–14。

表 4–12　上声 + 阴平→上声 + 阴平（LH+LL → LH+LL）

输入项：LH.LL	*L.LL	*XY.XY	不变调	*X.X
☞ LH.LL				
HH.LL			*!	
HL.LL	*!		**	*
LL.LL	*!		*	*

表 4–12 可以得出正确语言数据。

表 4–13　上声 + 阳平→上声 + 阳平（LH+HH → LH+HH）

输入项：LH.HH	*L.LL	*XY.XY	不变调	*X.X
☞ HH.HH				*
LH.HH			*!	*
HL.HH			*!	
LL.HH			*!*	

表 4–13 可以得出正确语言数据。

表 4–14 上声 + 去声→上声 + 去声（LH+HL → LH+HL）

输入项：LH.HL	*L.LL	*XY.XY	不变调	*X.X
☞ LH.HL				*

续表

HH.HL			*!	*
HL.HL		*!	**	
LL.HL			*!	

表 4–14 可以得出正确语言数据。至此，所给出的制约条件和排序可以解释所有上声 +TX 的情况。最后再来看去声 +TX 的情况，见表 4–15~ 表 4–16。

表 4–15　去声 + 阳平→去声 + 阳平（HL+HH → HL+HH）

输入项：HL.HH	*L.LL	*XY.XY	不变调	*X.X
☞ HL.HH				
HH.HH			*!	*
LH.HH			*!*	*
LL.HH			*!	

表 4–15 可以得出正确语言数据。

表 4–16　去声 + 上声→去声 + 上声（HL+LH → HL+LH）

输入项：HL.LH	*L.LL	*XY.XY	不变调	*X.X
☞ HL.LH				
HH.LH			*!	*
LH.LH		*!	**	*
LL.LH			*!	

表 4–16 可以得出正确语言数据。所给出的制约条件和排序可以解释所有去声 +TX 的情况。说明王嘉龄（2002）所给出的制约条件及其排序不仅可以解释所有四种变调情况，也符合不变调的所有情况。

但是如果按照以上方法处理，它们虽能解决所有变调及变调结果问题，但似乎存在一个问题，"优选论"认为，有两种力量在运作来决定一种语言从无数的可能性中选择哪种输出。一种力量是忠实性，另一种力量可以说是发音的无标记性（Gussenhoven 2001）。为了保证有变调的，就要有一些标记性制约条件。然而，这些标记性制约条件的内容应当是普遍的、无标记的。"相同曲拱制约条件"（*XY.XY）只是不允许两个曲折调相邻，而允许两个平调相邻。但是天津话中两个低平调（阴平）也是不允许相邻的，第一个阴平也是要变调的。天津话的四个声调中有三个是不允许相同调相邻的，说明天津话中除了两个高平的阳平外是不允许相同调相邻的，而不只是不允许两个曲折调相邻。因此说，制约条件“*XY.XY”的涵盖范围过窄，普遍性差。四个变调中，其中三个变调都是发生在两个相同调相邻时，说明天津话中禁止两个相同调一起出现是普遍存在的，这符合 OCP 的原则。因此，我们用以下标记性制约条件来替代“相同曲拱制约条件”（*XY.XY）。

“*X 调 .X 调”：禁止两个相同调相邻（. 表示音节边界）。

这一制约条件要排在制约条件“不变调”的前面，以保证相同调在一起时可以变调，见表 4–17（a）。

表 4–17（a） “*X 调 .X 调”排在制约条件“不变调”的前面

	不删	不增	* 后变	*X 调 .X 调	不变调
阴平 + 阴平				*！	
变调 + 阴平					*
上声 + 上声				*！	
变调 + 上声					*
去声 + 去声				*！	
变调 + 去声					*
阳平 + 阳平				*！	
变调 + 阳平					*

如果制约条件“*X 调 .X 调”排在制约条件“不变，如图 17.（b）”的后面，就无法得出变调的输出，因为变调的候选项违反了比“*X 调 .X 调”等级高的“不变，见表 4–17(b)”。

图 4–17（b） “*X 调 .X 调”排在制约条件“不变调”的后面

	不删	不增	* 后变	不变	*X 调 .X 调
阴平 + 阴平					*
变调 + 阴平				*！	
上声 + 上声					*
变调 + 上声				*！	

续表

	不删	不增	* 后变	不变	*X 调 .X 调
去声 + 去声					*
变调 + 去声				* !	
阳平 + 阳平					*
变调 + 阳平				* !	

以上说明，只要相同的两个声调相邻就要产生变调，但它是有问题的。因为，依据上面的制约条件和排序，阳平 + 阳平也要变调，而天津话中两个阳平相邻是不产生变调的。这说明应有一条保证阳平不变的制约条件。

解决办法是增加一条阳平不变的制约条件。据路继伦（1999）随机在《方言》杂志中找出的一些有连读变调现象，同时其单字调中具有高平调的方言进行研究，高平调具有相对稳定性，它一般不发生连读变调。如：满城方言、镇江方言、焉耆方言、涟水方言、徐州方言、荣城方言等。汉语方言中高平调不变是一个较为普遍的现象，我们可以把它作为一个标记性制约条件。

“高稳”：高平调具有稳定性，不发生任何变调。

相对于相同调要变调而言，高平调不变是特殊的。所以制约条件“高稳”要放在制约条件“*X 调 .X 调”前面。这样，我们制定的制约条件如下。

①“不变调”：输入项的每个声调的两个声调特征在输出项中均保持不变。

②“不删除”：输入项中的每个声调特征要在输出项中保留。

③“不增添”：输出项中的每个声调特征是输入项中原来就有的。

④“右不变”：两字组中的后字保持不变调。

以上四个制约条件都是忠实性制约条件，我们给予保留。标记性制约条件中我们保留了王嘉龄（2002）给出的制约条件“连续低调制约条件”和“邻调制约条件”。

⑤“*L.LL”：禁止两个 L 值的调前面再出现 L 值。

⑥“*X.X”：前字调的后一个声调特征与后字调的前一个声调特征不能相同。

新改写的两个制约条件是

⑦“*X 调 .X 调”：禁止两个相同调相邻。

⑧“高稳”：高平调不发生任何变调。

根据前面所讲原因，这些制约条件的排序如下：

“不删除”“不增添”“右不变”“L.LL”、高稳 >*X 调 .X 调 > 不变调 > *X.X

下面我们把这一排序代入两字组 16 种组合中，先看四种变调的情况。（“不删除”“不增添”“右不变”都是不可违反的，且排列等级最高，在解决变调现象中不起作用，故在表中省去），见表 4–18~ 表 4–21。

表 4–18　阴平 + 阴平→上声 + 阴平（LL+LL → LH+LL）

输入项：LL.LL	*L.LL	高稳	*X 调 .X 调	不变调	*X.X
LL.LL	* !		*		*
HH.LL				** !	
☞ LH.LL				*	
HL.LL	*!			*	*

表 4–18 可以得出正确语言数据。

表 4–19　上声 + 上声→阳平 + 上声（LH+LH → HH+LH）

输入项：LH.LH	*L.LL	高稳	*X 调 .X 调	不变调	*X.X
LL.LH				*	*!
☞ HH.LH				*	
LH.LH			*!		
HL.LH				**!	*

表 4–19 可以得出正确语言数据。

表 4–20　去声 + 去声→阴平 + 去声（HL+HL → LL+HL）

输入项：HL.HL	*L.LL	高稳	*X 调 .X 调	不变调	*X.X
☞ LL.HL				*	
HH.HL				*	*!
LH.HL				**!	
HL.HL			*!		

表 4–20 可以得出正确语言数据。

表 4–21　去声 + 阴平→阳平 + 阴平（HL+LL → HH+LL）

输入项：HL.LL	*L.LL	高稳	*X 调 .X 调	不变调	*X.X
LL.LL	*!		*	*	*
☞ HH.LL				*	
LH.LL				**!	
HL.LL	*!				*

表 4–21 可以得出正确语言数据。运用这套制约条件和排序可以得出天津话四种连读变调的全部正确数据。下面我们再来看是否可以解释不发生连读变调的情况。首先看 TX+ 阴平的情况。

表 4–22　阳平 + 阴平→阳平 + 阴平（HH+LL → HH+LL）

输入项：HH.LL	*L.LL	高稳	*X 调 .X 调	不变调	*X.X
LL.LL	*!	*	*	**	*
☞ HH.LL					
LH.LL		*!		*	
HL.LL	*!	*		*	*

表 4–22 可以得出正确语言数据。

表 4–23　上声 + 阴平→上声 + 阴平（LH+LL → LH+LL）

输入项：LH.LL	*L.LL	高稳	*X 调 .X 调	不变调	*X.X
LL.LL	*!		*	*	*
HH.LL				*!	
☞ LH.LL					
HL.LL	*!			**	*

表 4–23 可以得出正确语言数据。制约条件和排序符合 TX+ 阴平的情况。再来看 TX+ 阳平的情况。

表 4–24　阴平 + 阳平→阴平 + 阳平（LL+HH → LL+HH）

输入项：LL.HH	*L.LL	高稳	*X 调 .X 调	不变调	*X.X
☞ LL.HH					

续表

HH.HH			*!	**	*
LH.HH				*!	*
HL.HH				*!	

表 4–24 可以得出正确语言数据。

表 4–25　阳平 + 阳平→阳平 + 阳平（HH+HH → HH+HH）

输入项：HH.HH	*L.LL	高稳	*X 调 .X 调	不变调	*X.X
LL.HH		*!		**	
☞ HH.HH			*		*
LH.HH		*!		*	*
HL.HH		*!		*	

表 4–25 可以得出正确语言数据。

表 4–26　上声 + 阳平→上声 + 阳平（LH+HH → LH+HH）

输入项：LH.HH	*L.LL	高稳	*X 调 .X 调	不变调	*X.X
LL.HH				*!	
HH.HH			*!	*	*
☞ LH.HH					*
HL.HH				*!*	

表 4–26 可以得出正确语言数据。

表 4–27　去声 + 阳平→去声 + 阳平（HL+HH → HL+HH）

输入项：HL.HH	*L.LL	高稳	*X 调 .X 调	不变调	*X.X
LL.HH				*!	
HH.HH			*!	*	*
LH.HH				*!*	*
☞ HL.HH					

表 4–27 可以得出正确语言数据。制约条件和排序符合 TX+ 阳平的情况。再来看 TX+ 上声的情况。

表 4-28　阴平 + 上声→阴平 + 上声（LL+LH → LL+LH）

输入项：LL.LH	*L.LL	高稳	*X 调 .X 调	不变调	*X.X
☞ LL.LH					*
HH.LH				*!*	
LH.LH			*!	*	
HL.LH				*!	*

表 4-28 可以得出正确语言数据。

表 4-29　阳平 + 上声→阳平 + 上声（HH+LH → HH+LH）

输入项：HH.LH	*L.LL	高稳	*X 调 .X 调	不变调	*X.X
LL.LH		*!		**	*
☞ HH.LH					
LH.LH		*!	*	*	
HL.LH		*!		*	*

表 4-29 可以得出正确语言数据。

表 4-30　去声 + 上声→去声 + 上声（HL+LH → HL+LH）

输入项：HL.LH	*L.LL	高稳	*X 调 .X 调	不变调	*X.X
LL.LH				*!	*
HH.LH				*!	
LH.LH			*!	**	
☞ HL.LH					*

表 4-30 可以得出正确语言数据。制约条件和排序符合 TX+ 上声的情况。最后再来看 TX+ 去声的情况，见表 4-31~ 表 4-33。

表 4-31　阴平 + 去声→阴平 + 去声（LL+HL → LL+HL）

输入项：LL.HL	*L.LL	高稳	*X 调 .X 调	不变调	*X.X
☞ LL.HL					
HH.HL				*!*	*

续表

输入项：LL.HL	*L.LL	高稳	*X 调 .X 调	不变调	*X.X
LH.HL				*!	*
HL.HL			*!	*	

表 4–31 可以得出正确语言数据。

表 4–32　阳平 + 去声→阳平 + 去声（HH+HL → HH+HL）

输入项：HH.HL	*L.LL	高稳	*X 调 .X 调	不变调	*X.X
LL.HL		*!		**	
☞ HH.HL					*
LH.HL		*!		*	*
HL.HL		*!	*	*	

表 4–32 可以得出正确语言数据。

表 4–33　上声 + 去声→上声 + 去声（LH+HL → LH+HL）

输入项：LH.HL	*L.LL	高稳	*X 调 .X 调	不变调	*X.X
LL.HL				*!	
HH.HL				*!	*
☞ LH.HL					*
HL.HL			*!	**	

表 4–33 可以得出正确语言数据。制约条件和排序符合 TX+ 去声的情况。至此，这一套制约条件及其排序符合所有连读变调和不变调的情况。

新的制约条件用“*X 调 .X 调”和“高稳”替代了原来的“*XY.XY”，制约条件的排序为：

不删、不增、右不变 > *L.LL、高稳 > *X 调 .X 调 > 不变调 > *X.X

就天津话连读变调而言，优选论能解释为何有些声调要变调，有些声调不变调；为何不能变为这个调，只能变为那个调等问题。“相同曲拱制约条件”（*XY.XY）只是不允许两个曲折调相邻，而允许两个平调相邻。但是天津话中两个低平调（阴平）也是不允许相邻的，第一个阴平也是要变调的。换句话说，天津话的四个声调中有三个是不允许相同调相邻的。这说明天津话中除了两个高平的阳平外是不允许相同调相邻的，而不只是不允许两个曲折调相邻。因此说，制约条件“*XY.XY”的涵盖范围过窄，普遍性差。我们提出的制约条件抛弃了“相同曲拱制约条件”（*XY.XY）。取而代之，提出了禁止相同调相邻的制约条件“*X 调 .X 调”。根据路继伦（1999）“高平调具有相对稳定性”的研究结论，我们提出了一条阳平不变的制约条件“高稳”。高平调不发生变调在汉语方言中也是较为普遍存在的现象。

第 5 章 宿州方言连读变调的优选论分析

在第 2 章中我们介绍了宿州方言的声调和连读变调情况。综合考虑五位发音人的单字调，我们将其归纳如下。

单字调	调值	音系表达
阴平	21/31	LL
阳平	55/44	HH
上声	23/34	LH
去声	51/52	HL

连读变调的分析中，我们认为在“阴平 +X”中，只存在“阴平 + 阴平”这一种变调类型。“阳平 +X”组合中不存在连读变调的情况。“上声 +X”组合中也不存在连读变调的情况。“去声 +X”组合中，同样不存在连读变调的情况。严格来说，宿州市方言双字组只有一种变调形式：

阴平→上声 /____ 阴平

LL → LH / ____ LL

根据宿州方言的两字组连读变调情况，我们对其进行如下优选论分析。

5.1 制约条件

宿州方言两字组连读变调中涉及的制约条件如下。

1. 忠实性制约条件

宿州话变调后其声调特征数没有增加或减少，故应有不删除和不增添两个忠实性制约条件。

1）“不删除”

输入项中的每个声调特征都要在输出项中保留。

这一制约条件要求原来的两个声调特征变调后不能减少，还要保持有两个。

2）“不增添”

输出项中的每个声调特征都是输入项中原来就有的。

要求不能增加声调特征。

3）“右字调不变”（简称“右不变”）

两字组中右边音节的声调特征保持不变。

和大部分汉语方言一样，宿州方言是前字变调，因此这一制约条件排列层级最高。

4）“不变调”

底层形式和表层形式中的任一声调或声调特征必须保持一致。

这是为了保证大部分声调不产生变调。如输入项为 LL.LL，输出项为 LH.LL，则违反了这一制约条件。

5）“核心声调忠实性”（faith nuclear tone）

核心声调不发生改变。

因为宿州方言两字组连读变调中只有 LL 在另一个 LL 前变成 LH，因此推断在一个音节中第一个声调特征是核心声调，核心声调保持不变。

2. 标记性制约条件

1）“相同曲拱条件”（OCP（whole tone））

两个完全相同的声调不能相邻。

例如：LL.LL，LH.LH，HH.HH 和 HL.HL 均违反这一制约条件。

2）“*LL.LL”

两个低平调不能相邻。这一制约条件在普通话和天津话中同样适用，LL.LL 均变成 LH.LL（Moira Yip 2002）。

5.2　制约条件的排序

制约条件的层级体系存在语言差异，因此用优选论分析宿州方言连读变调的关键在于确定宿州方言的制约条件层级。

由于宿州方言变换了的声调仍然保持两个声调音系特征 L 或 H，故“不增添”和“不删除”是一定要遵守的，也是排列等级在前的。这里不再对这两条进行分析。“右不变”也是必须遵守的，因为宿州方言是前字变调，双字组顺序中，右边音节的声调在任何情形下都不发生变化（轻声除外），因此右边音节中声调特征的任何变化都会违反这一制约条件。两字相连只要右字调变了就一定被排除，这一制约条件也是排序很高的。因此，这里也不对其进行分析。下面我们每次在两个或三个制约条件之间进行排序，形成一系列的序列，然后把所有的序列整合在一起，从而确定宿州方言两字组连读变调的制约条件层级体系。

1）“核心声调忠实性”和“*LL.LL”排序高于其他制约条件

分析宿州方言两字组连读变调，可以发现宿州方言两字组连读变调中只有阴平在另一个阴平前变成上声，也就是说只有前面那个阴平的调值 LL 变为 LH。而 LL 变成 LH，就只是右边的 L 变了，前面的 L 并没有变。我们把一个音节中的两个声调的第一个声调特征叫作核心声调，核心声调保持不变。“核心声调忠实性”必须遵守，它排序靠前。宿州方言中两个阴平不可以连续出现，两个阴平在一起时，第一个阴平要产生变调。换句话说 LL+LL 是不可以的。因此“*LL.LL”也是不能违反的制约条件，因此排序也靠前。但它同核心声调忠实性没有前后顺序。

2）“*LL.LL”＞“不变调”

宿州方言绝大部分声调组合是不发生连读变调的，因此“不变调”就很重要，它保证了不变调情况的存在。但毕竟阴平＋阴平是要变调的，为保证可以产生这一变调，它就必须排在“不变调”的前面，见表 5–1（a）所示。如果两个制约条件颠倒顺序就不能得到正确数据，见表 5–1（b）。

表 5–1（a） T1+T1（LL.LL → LH.LL）

输入项：LL.LL	*LL.LL	不变调
LL.LL	*!	
☞ LH.LL		*

上面“*LL.LL”的层级高于“不变调”，产生了正确的表层形式 LH.LL，LL.LL 因违反了层级更高的制约条件而被排除。

表 5–1（b） T1+T1（LL.LL → LL.LL）

输入项：LL.LL	不变调	*LL.LL
☞ LL.LL		*
LH.LL	*!	

表 5–1（b）上面图示中“*LL.LL”的层级低于“不变调”，产生了不正确的表层形式 LL.LL，LH.LL 因违反了层级更高的制约条件而被排除，这不符合实际语言数据。那么前字的 LL 变成了 LH，为什么不能变成 HL 呢？这是因为前面我们提到还有一条排序更高的“核心声调忠实性”制约条件。如果变为 HL，就违反了这一制约条件，见表 5–1（c）。

表 5–1（c） T1+T1（LL.LL → LH.LL）

输入项：LL.LL	核心声调忠实性	*LL.LL	不变调
LL.LL		*!	
☞ LH.LL			*
HL.LL	*!		

（3）“不变调” > “OCP（whole tone）”

在很多语言中 OCP 都发挥了作用，这一制约条件是普遍存在的。宿州方言中虽然只有两个相同的阴平不能连续出现，但 OCP 也是应该发挥作用的，只是它在宿州方言的制约条件排序中比较靠后罢了。大部分声调组合不发生连读变调，要求“不变调”要排在不允许相同调相连的“相同曲拱制约条件”（OCP（whole tone））之前。这样两个阳平、两个上声、两个去声就都可以相连出现而不产生变调了，如表 5–2~ 表 5–4。

表 5-2 T2 + T2（HH.HH → HH.HH）

输入项：HH.HH	不变调	OCP（whole tone）
☞ HH.HH		*
HL.HH	*!	
LH.HH	*!	

阳平 + 阳平中“不变调”的层级高于“OCP（whole tone）”，产生了正确的表层形式 HH.HH，其他候选项因违反了层级更高的制约条件而被排除。

表 5-3 T3 + T3（LH.LH → LH.LH）

输入项：LH.LH	不变调	OCP（whole tone）
☞ LH.LH		*
HL.LH	*!	
LL.LH	*!	
HH.LH	*!	

上声 + 上声里 LH.LH 只是违反了排序层级低的“OCP(WHOLETONE)”，而成为优选项，其他候选项因违反了层级更高的不变调制约条件而被排除。

表 5-4 T4 + T4（HL.HL → HL.HL）

输入项：HL.HL	不变调	OCP(WHOLETONE)
☞ HL.HL		*
LH.HL	*!	
LL.HL	*!	
HH.HL	*!	

候选项 HL.HL 成为优选项，其他候选项因违反了层级更高的“不变调”制约条件而被排除。

整合所有的序列，可得出用于分析宿州方言两字组连读变调的制约条件层级体系：

不增添、不删除、右不变、核心声调忠实性、*LL.LL >不变调 > OCP（whole tone）。

5.3 两字组连读变调的优选论分析

我们可以用以上的制约条件和排序选出两字组连读变调情况的所有优选项。下面是宿州方言中 16 种两字组顺序的优选论分析（“不增添”、“不删除”没有列入图式中）。

表 5-5 T1+T1（LL.LL → LH.LL）

输入项：LL.LL	右不变	核心声调忠实性	*LL.LL	不变调	OCP（whole tone）
LL.LL			*!		*
☞ LH.LL				*	
HH.LL		*!		**	
HL.LL		*!		*	
LL.HH	*!	*		*	*

表 5-6 T1+T2（LL.HH → LL.HH）

输入项：LL.LH	右不变	核心声调忠实性	*LL.LL	不变调	OCP（whole tone）
☞ LL.LH					
HH.HH		*!		**	*
LH.HH				*!	
HL.HH		*!		*	
LL.HL	*!			*	

表 5-7 T1+T3（LL.LH → LL.LH）

输入项：LL.LH	右不变	核心声调忠实性	*LL.LL	不变调	OCP（whole tone）
☞ LL.LH					
HH.LH		*!		**	
LH.LH				*!	*
HL.LH		*!		*	
LL.HL	*!	*		**	

表 5-8 T1+T4（LL.HL → LL.HL）

输入项：LL.HL	右不变	核心声调忠实性	*LL.LL	不变调	OCP（whole tone）
☞ LL.HL					
HH.HL		*!		**	
LH.HL				*!	
HL.HL		*!		*	*
LL.HH	*!			*	

表 5-9 T2+T1（HH.LL → HH.LL）

输入项：HH.LL	右不变	核心声调忠实性	*LL.LL	不变调	OCP（whole tone）
☞ HH.LL					
LH.LL		*!		*	
LL.LL		*!	*	**	*
HL.LL				*!	
HH.LH	*!			*	

表 5-10 T2+T2（HH.HH → HH.HH）

输入项：HH.HH	右不变	核心声调忠实性	*LL.LL	不变调	OCP（whole tone）
☞ HH.HH					*
LH.HH		*!		*	
LL.HH		*!		**	
HL.HH				*!	
HH.LL	*!			**	

表 5-11 T2+T3（HH.LH → HH.LH）

输入项：HH.LH	右不变	核心声调忠实性	*LL.LL	不变调	OCP（whole tone）
☞ HH.LH					
LL.LH		*!		**	
LH.LH		*!		*	*

续表

输入项：HH.LH	右不变	核心声调忠实性	*LL.LL	不变调	OCP（whole tone）
HL.LH				*!	
HH.LL	*!			*	

表 5-12　T2+T4（HH.HL → HH.HL）

输入项：HH.HL	右不变	核心声调忠实性	*LL.LL	不变调	OCP（whole tone）
☞ HH.HL					
LL.HL		*!		**	
LH.HL		*!		*	
HL.HL				*!	*
HH.LL	*!	*		*	

表 5-13　T3+T1（LH.LL → LH.LL）

输入项：LH.LL	右不变	核心声调忠实性	*LL.LL	不变调	OCP（whole tone）
☞ LH.LL					
HH.LL		*!		*	
LL.LL			*!	*	*
HL.LL		*!		**	
LH.HL	*!	*		*	

表 5-14　T3+T2（LH.HH → LH.HH）

输入项：LH.HH	右不变	核心声调忠实性	*LL.LL	不变调	OCP（whole tone）
☞ LH.HH					
HH.HH		*!		*	
LL.HH				*!	
HL.HH		*!		**	
LH.LH	*!	*		*	*

表 5-15　T3+T3（LH.LH → LH.LH）

输入项：LH.LH	右不变	核心声调忠实性	*LL.LL	不变调	OCP（whole tone）
☞ LH.LH					*
LL.LH				*!	
HH.LH		*!		*	
HL.LH		*!		**	
LH.LL	*!			*	

表 5-16　T3+T4（LH.HL → LH.HL）

输入项：LH.HL	右不变	核心声调忠实性	*LL.LL	不变调	OCP（whole tone）
☞ LH.HL					
LL.HL				*!	
HH.HL		*!		*	
HL.HL		*!		**	*
LH.LL	*!	*		*	

表 5-17　T4+T1（HL.LL → HL.LL）

输入项：HL.LL	右不变	核心声调忠实性	*LL.LL	不变调	OCP（whole tone）
☞ HL.LL					
LH.LL		*!		**	
LL.LL		*!	*	*	*
HH.LL				*!	
HL.LH	*!			*	

表 5-18　T4+T2（HL.HH → HL.HH）

输入项：HL.HH	右不变	核心声调忠实性	*LL.LL	不变调	OCP（whole tone）
☞ HL.HH					
LH.HH		*!		**	
LL.HH		*!		*	

续表

输入项：HL.HH	右不变	核心声调忠实性	*LL.LL	不变调	OCP（whole tone）
HH.HH				*!	*
HL.HL	*!			*	

表 5-19　T4+T3（HL.LH → HL.LH）

输入项：HL.LH	右不变	核心声调忠实性	*LL.LL	不变调	OCP（whole tone）
☞ HL.LH					
LL.LH		*!		*	
LH.LH		*!		**	*
HH.LH				*!	
HL.LL	*!			*	

表 5-20　T4+T4（HL.HL → HL.HL）

输入项：HL.HL	右不变	核心声调忠实性	*LL.LL	不变调	OCP（whole tone）
☞ HL.HL					*
LL.HL		*!		*	
LH.HL		*!		**	
HH.HL				*!	
HL.HH	*!			*	

以上分析说明，运用我们所制定的制约条件及其排序，可以得出宿州方言两字组连读变调的正确组合结果。

第 6 章　轻声与音系表达[1]

轻声是汉语普通话的一个重要特色，同时又是汉语很多方言所普遍存在的一个共同特征。过去对于轻声的研究多是根据耳听所做的描述和在此基础上的讨论。随着语音实验仪器和计算机语音软件的开发和完善，语音学家开始了对轻声的实验语音学研究。通过对轻声的声学分析，找出了其音高、音强、音长、音色等方面的特点和规律。

6.1　轻音与轻声

从感知来说，本族语为汉语的人，即使未经过语音训练，也可很容易辨别出哪个音节是轻声，哪个音节不是轻声。他们大多自认为是从轻重的角度来分辨的，而不是从声调或音高角度来判别的。《现代汉语词典》（2002）里将轻声定义为“说话的时候有些字音很轻很短，叫作轻声”，反映的就是这样一种认识情况。

赵元任（1922）最早对轻声现象进行研究，起初将其称为“轻音”。之后一段时间，国音学著作一般都用“轻音”这个名称，例如，赵元任在 1929 年的一篇重要文章《北平语调的研究》（赵元任 1929）就用“轻音”和“轻音字”。到 1934 年，正式用“轻声”替代了“轻音”，并一直延续下去（王理嘉 1998）。此后，使用“轻音”的便少了。这时，

1　本章内容曾以“普通话轻声的音系与形态句法”为题，发表在《东方学术论坛》2019 年第 1 期，作者：路继伦，殷悦。

有人把“轻声”和“轻音”混同起来，如《辞海》（1979）说“汉语有些词里的音节或句子里的词，念成又轻又短的调子的叫轻声，也叫轻音”。但也有人认为，“轻声”和“轻音”是两个概念，如徐世荣（1980）说，“轻声”和“轻音”的概念并不一样，“轻声”是一种变化了的声调，而“肌肉松弛，不用力，气流很弱，音波‘振幅’就小，就是轻音（弱音）”。不过，他没有对此进行更深入的探讨。林茂灿、颜景助（1980）、曹剑芬（1985）以及其他语音学家对于普通话轻声所做的声学上的实验以及在此基础上所做的描述，指出了与轻声有关的四个声学相关物，即轻声时长短（音长）、音高随前字声调而定（音高）、能量减弱（音强）、音段发生变化（元音央化、声母浊化等）（音质），但近年的研究没有对轻声和轻音的区别和关系做更进一步的阐述。因而，在研究轻声的著作中，“轻声”一词出现了歧义。曹剑芬（1995）说：“单就声调变化而言，（轻声）可以看作是一种特殊的变调，但从整个轻声音节四要素简缩的总的特点来看，它应属于轻重音的范畴，它是一种与重音音节相对立的轻音音节。”

可见，现在所说的“轻声”一词有歧义，即有两个意思。一个意思是指重音层面上的非重读音节，即与重音相对的轻音（unstressed syllable）。对于汉语有没有重音，有几级重音，学术界争论不休，但争论各方大都同意有轻音。“轻声”的第一个意思就是指重音层面上的这种轻音。声学实验所得出的四个声学相关物，实际上是轻音（非重读音节）的四种属性。例如，音强方面的能量减弱和音质方面的元音央化和塞音声母浊化，都是重音层面的轻音所引致的，与音高和声调没有直接关系。“轻声”的另一个意思指声调层面上的一种单位，即与四声相对的中和声调（neutral tone）。路继伦、王嘉龄（2005）主张分别使用“轻声”和“轻音”这两个术语，来表示上面所说的“轻声”在两个不同层面上的两种不同意思：“轻音”表示重音层面上的非重读音节，而“轻声”表示声调层面上的中和声调。

在重音层面上，我们用星号 * 表示重音，用小圆点 • 来表示轻音，如（1）所示：

（1）

重音层面	*	•	*	•	*	•
	好	的	东	西	小	姐

根据前人的研究，轻声来自轻音。徐世荣（1980）说，“‘轻声’就是‘轻音节’影响声调变化之后的现象。”刘俐李（2002）在一篇关于20世纪汉语轻声研究的综述中，谈道轻声发生的原因时说：“一致的看法是，轻声因轻音而发生”。

据此，我们说，声调层面上的轻声都是从重音层面的轻音经过一个轻声规则映射过来的。

6.2 轻声调值获得

在声调层面上，普通话词库中多数字（词素）分属四个声调，即阴平、阳平、上声和去声。但也有少数字如名词后缀“子”，助词“了”“的”等在词库里没有声调。因此，普通话声调先可分为有声调与无声调两大类，其中有声调又可分为阴平、阳平、上声和去声四个声调，如（2）所示：

（2）

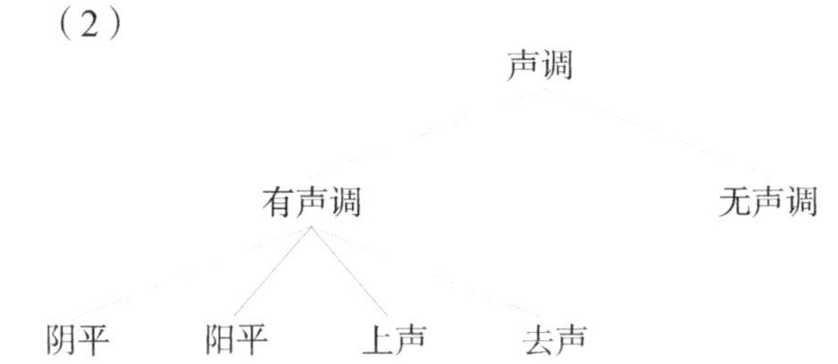

根据前人的研究，轻声本身并没有固定的调值，它的调值随前字而定。前人得到的调值略有差别，但从音系角度来看，用 H 和 L 这两个声调特征就可以表达了。在上声后边轻声调值为 H，在其他声调后边为 L，这可用两条有序规则来表示。

轻声赋值规则：Tn → H / LL__

轻声缺省规则：Tn → L

轻声赋值规则解决上声后的轻声值 H 的获得，轻声缺省规则解决其他声调字后的轻声值 L 的获得。路继伦、王嘉龄（2005）认为这两条规则，轻声赋值规则在先，轻声缺省规则在后。经实验证明，轻声不论是“子”这种词库里没有声调的字，还是重叠部分，如“姐姐”中的“姐”，还是“小姐”中的“姐”，它们的调值都是一样的（彭宗平 1993）。

近来的声学实验发现轻声在音高方面并不是一个点或短平调，而是一条或升或降或平的曲线。研究表明，曲线的终点是人耳所能感知的，属于音系学范畴。而起点是人耳所不能感知的，是与前字终点协同发音的结果，属于语音学范畴。因此轻声的音高曲线是音系作用与协同发音的结果。

虽然通过以上“轻声赋值规则”和“轻声缺省规则”可以得到轻声调值，但无法解释为何阴平、阳平、去声后的轻声是 L，而上声后的轻声却是 H。而非线性音系学则可解释上声后轻声调值 H 的来源问题。上声调值是 LLH（214），当它出现在轻声字之前，调尾的 H 就会发生移动，使得本来没有调的轻声字有了 H 调（马秋武 2008）。

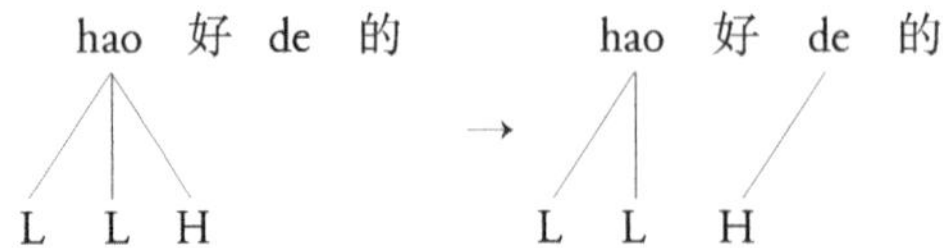

上声最后的 H 值直接转移给了后面的轻声音节，要比上声丢掉一个 H 值，只保留前面两个 L 值，同时轻声要获得一个 H 赋值来得简单。这能较好地解释上声后的轻声 H 值的来源问题。但为什么上声后轻声要从前面的上声那里得到赋值，而其他情况不是呢？这是因为一个音节处在前字位置时，只能有两个重量单位——莫拉（m）。

普通话单字调四声的音系表达式是，阴平、阳平、去声调的每个字都有两个莫拉，上声调的字却有三个莫拉。莫拉为载调单位，下接一个声调特征 H 或 L。根据实验结果，轻声的时长一般约为四声的一半（林茂灿、颜景助 1980）。轻声音节时长短，只有一个莫拉，且本身没有固定的调值。在轻声音系底层表达式中，轻声这个莫拉不连接声调特征。

（3）

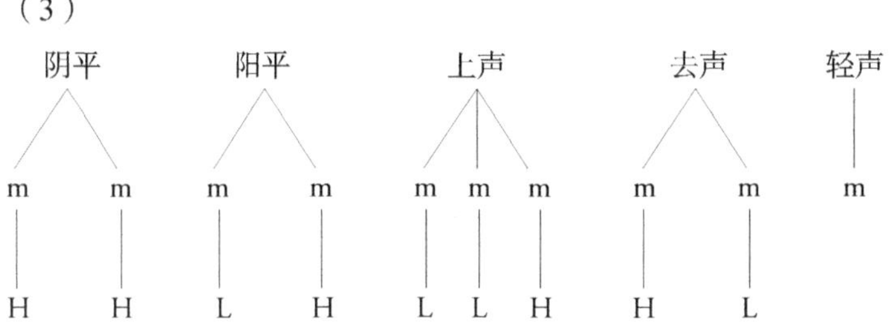

普通话中上上相连时，前字变为阳平 LH。上声在阴平、阳平和去声之前只读出上声调值的前一半，称为“半上”（林焘、王理嘉 1992）。这两种现象都使得处于前字位置的上声变为只保留两个莫拉，这说明普通话要求前字只能具有两个莫拉。这也就解释了为什么汉语里有并且只有上声在前字位置时要发生连读变调。同时，解释了上声在前字位置要保留半上的现象。当上声出现在前字位置时，原本具有三个莫拉的上声字只能保留两个莫拉，需要丢掉一个莫拉。那么，这个莫拉上的调怎么办呢？根据自主音段音系学，声调属于一个平行于音段层的独立层面。二者之间的联系方式很自由，仅受某些条件的制约（白纯 2003）。声调有可能随着音段的消失而同时丢掉，也有可能保留。当上声出现在阴平、阳平、去声前面时，由于后字莫拉已经具有声调特征，这个丢掉的莫拉上的声调便无处移动，只能随着莫拉的丢掉而消失。而当上声出现在轻声字前面时，由于后字（轻声）的那个莫拉没有声调特征，前字上声丢掉的莫拉上的声调便移到后字的位置，从而使得上声字后的轻声获得 H 调值。

（4）

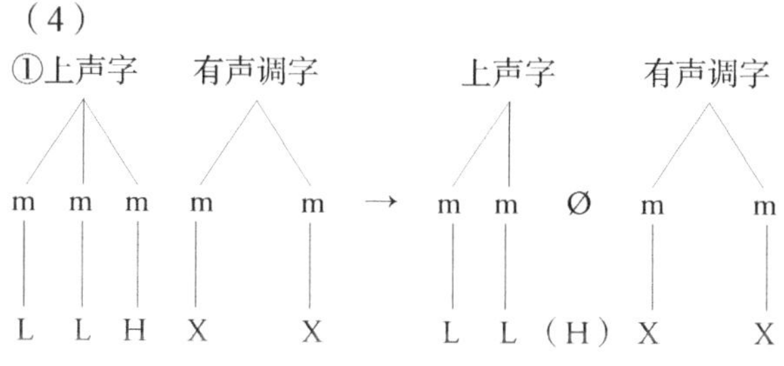

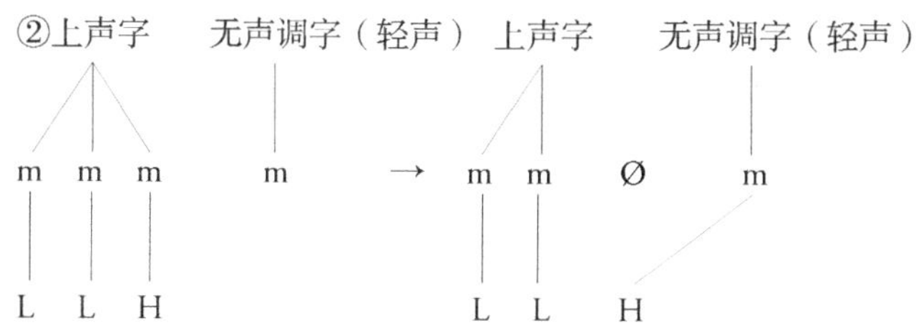

但这里出现了一个新问题。上声字在其他有声调字前丢掉后面的 H 值，保留了前半上（LL），符合在阴平、阳平、去声前的实际情况，但不符合在另一个上声前变为阳平（LH）的情况。因为，两个上声相连时第一个上声变调为阳平，而不是失去后面的 H 而保留前面的两个 L。这说明汉语里上上相连变调为阳上这一连读变调规则和上声处于前字位置时只保留前半上是两条不同的变调规则，这两条规则是有先后排序的。为保证上上相连时前字变调为阳平而不是保留前半上，上上相连变调规则一定先发生。当保留前半上规则发生时，由于上上相连的前一个上声字已经完成变调为阳平，不再是上声了，便不再符合执行这一规则的条件。

6.3　轻声的形成与形态句法

轻声的形成有两种情况，一类是在词库里就是轻声，另一类是词库里不是轻声，在词句法中变为轻声。

在词库里就是轻声的字是没有声调的，如“椅子”“桌子”里的名词后缀“子”，助词“了”“的”等。在词库里当名词后缀“子”等与其他字构成词时，如“椅子”，只是语音上的附加，仍然没有声调。而有些字在词库里不是轻声字，是有声调的，如“大小姐”中的“小姐”里的“姐”。词库里不是轻声、具有声调的字在变为轻声时分为构词和句法两种情况。

① 在构成具有重轻型重音模式的双音节词时，如“买东西”里的“东西”“大小姐”里的“小姐”等，其后字变为轻声时，除时长缩短外，原有的声调丢失，如“东西”里的“西”不再是阴平（HH），而是无调；“小姐”里的“姐”字由原有声调上声（LLH）变为了无调。

② 在句法层面，由于所处位置，有些字体现为轻声。如“你”在词库里是上声，而到了“她想你”这一句法结构中，因“你”（LLH）处于轻音位置（人称代词做宾语），转化成为轻声，便失去原调，变为无调。

对于词库里不是轻声，在形态句法中才变为轻声的字来说，由于形成轻声前该字是有调的，所以先会产生连读变调，再变为轻声。如在“大小姐”中，由于轻声“姐”在词库里声调原为上声，组词时使前面的“小”字变调为阳平；“她想你”中的“你”原为上声，也使前面的“想”字变调为阳平。

那么“姐姐”“奶奶”这样的词，第一个“姐”“奶”也都是上声，为什么没有像“大小姐”中的“小”字那样变调为阳平呢？一种观点认为，“姐姐”“奶奶”这样的词是重轻模式的重叠词。重叠仅仅是音节的重叠，不包括声调的重叠，当一个音段复制时声调不被复制（马秋武 2008）。重叠部分复制词基的音段，而不复制它的声调。因此，不会触发前字发生连读变调。也有学者认为，“姐姐”等属于单一语素的单纯词，这种构词不会发生变调（包智明等 1997）。

然而，这里出现了一个问题。在语句中有些单音节动词也可形成重轻模式的重叠，如“到处走走”“仔细想想”中的“走走”“想想”。这里，第二个“走”和“想”字也读成轻声。而第一个“走”和“想”字原本是上声却变为了阳平。如果说重叠仅仅是音节的重叠，不包括声调重叠的话，触发前字“走”变为阳平的一定是后字“走”的底层表达是上声，而不是没有复制声调。而这又同重叠的规则（不复制声调）相悖了。为维护这一说法，路继伦、王嘉龄（2005）认为这种所谓的“句法重叠”不是由词基和重叠部分构成的，而是由两个相同的词构成的韵律词。换句话说，它们不是真正意义上的重叠。因此，第二个“走”字是有声调的，并使得前字上声变成阳平。其证据是它们相互之间结构松散，中间可以插入别的成分，如“走走”中间可以插入“一”“了”等，变成“走一走”“走了走”；“想想”中间也可以插入“一”“了”等，变成“想一想”“想了想”等。它们是句法层面丢掉了“一”的“走一走”“想一想”的简略形式。

但从人们的感知上讲，“走走”会被看作重叠词。所谓的“句法重叠”毕竟也是一种重叠。这样说，“走走”“想想”这样的重叠必定是复制声调的，以触发前字变调。只是这和前面所说的重叠词"姐姐""奶奶"的情况是不相同的。"姐姐""奶奶"这类重叠叫"构词重叠"，此类重叠在词库内完成。我们认为词库内完成复制的重叠（如：姐姐、奶奶）只复制音段，不复制声调。而"走走"这样的重叠是句法层面完成的"句法重叠"，这种"句法重叠"既复制音段也复制声调。因此，它会触发前字发生变调，然后才变为轻声。就轻声底层与形态句法关系而言，"构词重叠"和"句法重叠"中轻声的形成是不同的。

1）构词重叠的轻声

词基→词基 + 重叠部分（不复制声调）→轻声（重叠部分）赋值

2）句法重叠的轻声

词基→词基 + 重叠部分（复制声调）→前字变调→重叠部分（轻声）丢调→轻声赋值

6.4　轻声赋值的音系步骤

如前所述，在音系底层本无调值的轻声字，需要经过两种不同的赋值方法获得调值。一是经过轻声缺省规则得到 L，二是经过轻声赋值规则（上声后的轻声）得到 H。其中，大多情况是经过轻声缺省规则得到 L 值。在底层具有本字调的处于重轻型词轻声位置的轻声字和处于句法轻声位置的轻声字等均需先失去原有声调，再执行轻声缺省规则或轻声赋值规则。路继伦、王嘉龄（2005）分析轻声与变调规则的应用顺序为：

变调规则 > 轻声规则 > 半上规则 > 轻声赋值规则 > 轻声缺省规则。

	椅	子	小	姐
底层表达式	LLH	Ø	LLH	LLH
变调规则	—		LH	LLH
轻声规则	LLH	Tn	LH	Tn
半上规则	LL	Tn	—	
轻声赋值规则	LL	H	—	
轻声缺省规则	—		LH	L
表层表达式	LL	H	LH	L

这里，Tn 指变为轻声。变调规则将上声前的另一个上声变为阳平；轻声规则使得处于轻声位置的字变为轻声并丢失原有声调；半上规则使得处于前字位置的上声只保留前半上；轻声赋值规则使上声后的轻声字获得调值 H；轻声缺省规则给阴平、阳平、去声字后的轻

声赋值 L。

但依据这样的排序，执行了半上规则以后的上声“椅”字已经变为 LL，到下面的轻声赋值规则应用时，后面的“子”字所获得的 H 就显得没有来源。如前面分析，我们认为，“子”字所获得的 H 来源于其前字上声调值 LLH 中的 H。当轻声字前面是具有三个莫拉（m）时，轻声字便强行捕获这三个莫拉的最后一个莫拉。我们认为，为保障上声后轻声字获得调值 H，轻声赋值规则应排在半上规则前。同时轻声缺省规则也是有关轻声赋值的，应一同提到半上规则前面更合乎情理。另外，词库里就是轻声并且无调的字，如“椅子”里的“子”、“姐姐”里的“姐”，不执行轻声规则，它们本来就是轻声字，没有调。

变调规则 > 轻声规则 > 轻声赋值规则 > 半上规则 > 轻声缺省规则

	椅	子	小	姐	姐	姐	走	走	她	想	你
底层表达式	LLH	Ø	LLH	LLH	LLH	Ø	LLH	LLH	HH	LLH	LLH
变调规则	n.a		LH	LLH	n.a		LH	LLH	HH	LH	LLH
轻声规则	vac		LH	Tn	vac		LH	Tn	HH	LH	Tn
轻声赋值规则	LL	H	n.a		LL	H	n.a			n.a	
轻声缺省规则	n.a		LH	L	n.a		LH	L	HH	LH	L
半上规则	n.a		n.a		n.a		n.a			n.a	
表层表达式	LL	H	LH	L	LL	H	LH	L	HH	LH	L

这样的规则排序虽然同样能得出合乎实际结果的数据，但变调规则和半上规则都是处理上声变调的，却被其他几条轻声规则分割开来，似乎不大合情理。可是，如果把半上规则提到紧接着变调规则后面的位置就又会出现上面所讲的上声后的轻声 H 值没有来源的问题。究其原因，是我们把这些音系规则统统放在了一起执行才造成这一两难局面的。

词汇音系学将音系规则应用的范围从原先单一的音系部分扩大到了词汇部分（王嘉龄 1987），每一个构词层次都有一个与之对应的音系层次。我们认为，词库轻声类里的加缀轻声词和单一语素重叠词在构词时就是无声调的，是在词库里完成轻声赋值音系规则的。这里的轻声底层是无声调的，本来就是轻声，因而也不需要在此执行轻声规则。而重轻型词、句法重叠、句法轻声等轻声位置的轻声，其底层是有声调的。它们需要变为轻声，丢失原调，其变为轻声及其赋值的音系规则是在句法后完成的，是后词汇音系规则。这两种轻声赋值规则属于不同层级，操作过程如下。

	椅	子	桌	子	姐	姐	小	姐	走	走	她	想	你
底层表达式	LLH	Ø	HH	Ø	LLH	Ø	LLH	LLH	LLH	LLH	HH	LLH	LLH
词库音系部分													
轻声赋值规则	LL	H	n.a		LL	H	—		—			—	
轻声缺省规则	n.a		HH	L	n.a		—		—			—	
后词汇音系部分													
变调规则	n.a		n.a		n.a		LH	LLH	LH	LLH	HH	LH	LLH
半上规则	n.a		n.a		n.a		n.a		n.a			n.a	
轻声规则	n.a		n.a		n.a		LH	Tn	LH	Tn	HH	LH	Tn
轻声赋值规则	n.a		n.a		n.a		n.a		n.a			n.a	
轻声缺省规则	n.a		n.a		n.a		LH	L	LH	L	HH	LH	L
表层表达式	LL	H	HH	L	LL	H	LH	L	LH	L	HH	LH	L

综上所述，（1）音节词素作为前字只能具有两个莫拉。具有三个莫拉的上声出现在前字位置时，需要丢掉一个莫拉。出现在有调字前面时，该莫拉上的调同时丢掉；出现在无调的轻声字前面时，该莫拉上的调移动到后面的轻声字上。（2）词库内完成复制的“构词重叠”只复制音段，不复制声调。而“句法重叠”既复制音段也复制声调。它会触发前字发生变调，然后才变为轻声。（3）词库里就是轻声的字在音系底层就无声调，并在词库内完成赋值规则；词库非轻声类字在句法后完成轻声规则及其轻声赋值规则。变调规则、半上规则只在后词汇部分完成，并在一系列轻声缺省规则之前。

第 7 章　天津话轻声及优选论分析

轻声现象在天津话中也是非常普遍的，天津话中的轻声非常有特色。石锋（1987）、刘思训（1993）、王嘉龄（2002）和姜晖（1994）都对天津话轻声做了有益的探索。石锋（1987）认为天津方言轻声与北京话轻声的特点相似，音长都较其他四声短而且音高受前字影响。他是在研究了天津话二字组后得出这一结论的。刘思训（1993）提出不同意见，认为天津话轻声的音高受后字影响，天津话轻声的基本形式是低平，只是当后字是阴平时，它的音高曲线才变成上升的。他也认为天津话轻声的音长短。王嘉龄（2002）和姜晖（1994）都指出在三字组中的阴平前，天津话轻声的音高是高的。我们曾对天津话的轻声进行了实验分析。

7.1　天津话轻声的实验与分析

我们请来两位天津市民发音：男 53 岁，女 45 岁。他们居住在天津老城区，没有长时间离开过天津，并且均不会说普通话，只会说天津话。两位发音人均不懂语言学知识。

录音材料包括单字调、含有轻声的二字组和三字组。二字组设计为“重 + 轻”；三字组设计为“重 + 轻 + 重”。

实验用的词组部分取自姜晖（1994）又增加了一些不是“的”的轻声，共 70 个短语。

70 个短语被写在 70 张卡片上，由发音人随机抽取。将实验字组请发音人录音之后输入计算机，输入好的语音材料用语音分析软件 Praat 进行分析，统计时长、音高等信息。

1. 时长

下面数据统计的表格中，男女发音人的时长分别为各自取样的平均值：Mean 代表时长的平均值，SD 代表标准差，Number 代表取样数。

1）单字调时长

林茂灿、颜景助（1980）和林焘（1983）用不同的实验方法得出相同的结论，即北京话轻声的音长只有其他四声的一半，这一观点已被大多数人所接受。石锋（1987）认为天津话轻声的时长大约是它前一音节的一半。王嘉龄（2002）和姜晖（1994）都认为天津话轻声音节的时长只有其他四声音节的一半。他们认为天津话轻声音节时长只有非轻声音节一半的观点与我们的实验结果一致。

表 7–1 中，T1~T4 分别代表阴平、阳平、上声和去声；男女发音人的时长分别为各自取样的平均值。女发音人单字调时长如图 7–1 所示。

表 7–1　单字调平均时长

声调	男发音人		女发音人	
	时长（毫秒）	取样	时长（毫秒）	取样
T1	345	7	377	7
T2	370	5	388	5
T3	436	5	405	5
T4	326	5	332	5

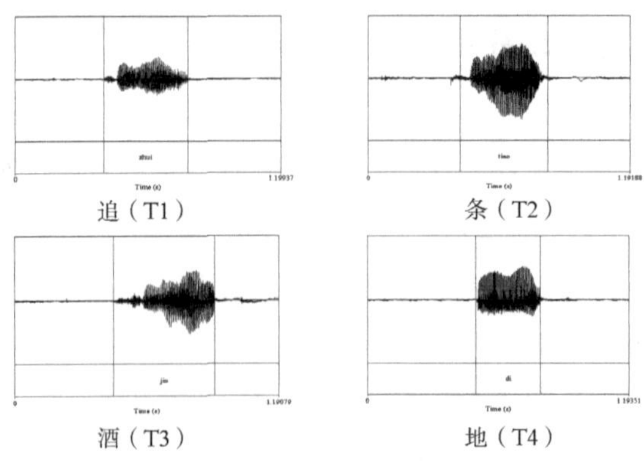

追（T1）　条（T2）　酒（T3）　地（T4）

图 7–1　单字调时长（女发音人）

2）轻声二字组“重 + 轻”（S+N）的时长

从表 7-2 中可以看出，天津话轻声音节的时长比非轻声音节短得多，T1+T0 结构中，T1 和 T0 的时长比是 1：0.51; T2+T0 结构中，T2 和 T0 的时长比是 1：0.48；T3+T0 结构中，T3 和 T0 的时长比是 1：0.42；T4+T0 结构中，T4 和 T0 的时长比是 1：0.43。在 T+T0 结构中（T 包括 T1、T2、T3 和 T4），T 和后面轻声的时长比是 1：0.46。与姜晖（1994）、石锋（1987）的天津话轻声音节比非轻声音节短得多，只有非轻声音节的一半甚至更短的结论一致。

表 7-2　“重 + 轻”二字组平均时长

字组	男发音人			女发音人		
	时长（毫秒）		取样	时长（毫秒）		取样
	S	N		S	N	
T1+T0	296	148	8	298	156	8
T2+T0	378	182	6	284	138	6
T3+T0	396	147	7	328	158	7
T4+T0	338	144	6	302	136	6

从图 7-2（a）中可以清楚地看出，天津方言二字组中轻声音节的时长大约只有前面非轻声的一半，大多数情况下甚至比前面音节的一半还要短。轻声的类别，即是由“的”构成的轻声、叠音构成的轻声，还是可起辨义作用的轻声在音长上的表现没有区别。

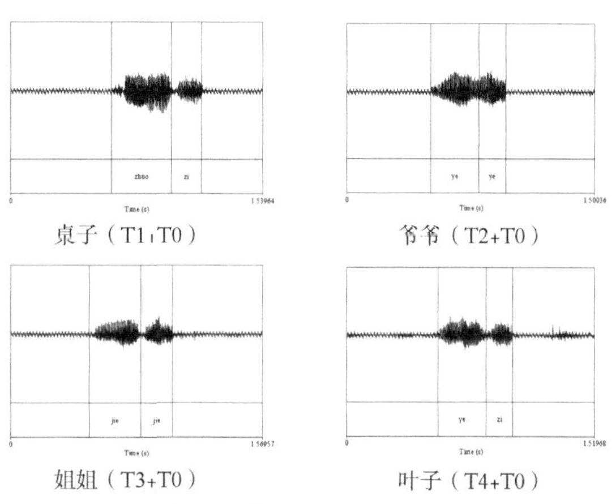

图 7-2（a）　“重 + 轻”二字组时长（女发音人）

3）轻声三字组“重＋轻＋重”（S+N+S）的时长

从表 7–3 中可以看出，天津话轻声的音长在“重＋轻＋重”的三字组中表现出了与二字组相似的特点：即轻声的音长只有其他四声音长的一半，甚至更短，这也与姜晖（1994）的实验结果一致。

表 7–3 “重＋轻＋重”三字组平均时长

字组		男发音人				女发音人			
		时长（毫秒）			取样	时长（毫秒）			取样
		S	N	S		S	N	S	
T1+T0+	T1	282	156	285	2	265	158	371	2
	T2	318	129	322	2	270	162	411	2
	T3	290	199	470	2	230	155	488	2
	T4	276	110	266	2	255	164	355	2
T2+T0+	T1	230	157	256	2	228	175	310	2
	T2	282	154	312	2	190	154	356	2
	T3	294	170	392	2	188	170	418	2
	T4	304	216	345	2	284	228	300	2
T3+T0+	T1	266	130	315	2	240	140	357	2
	T2	302	146	396	2	278	151	430	2
	T3	341	159	478	2	230	180	478	2
	T4	306	124	308	2	278	200	350	2
T4+T0+	T1	197	149	276	2	188	162	397	2
	T2	302	193	378	2	234	220	421	2
	T3	355	202	442	2	305	258	501	2
	T4	220	155	278	2	266	166	399	2

从图 7–2（b）中可以清楚地看出，轻声字的时长只有非轻声后字的一半，甚至更短。

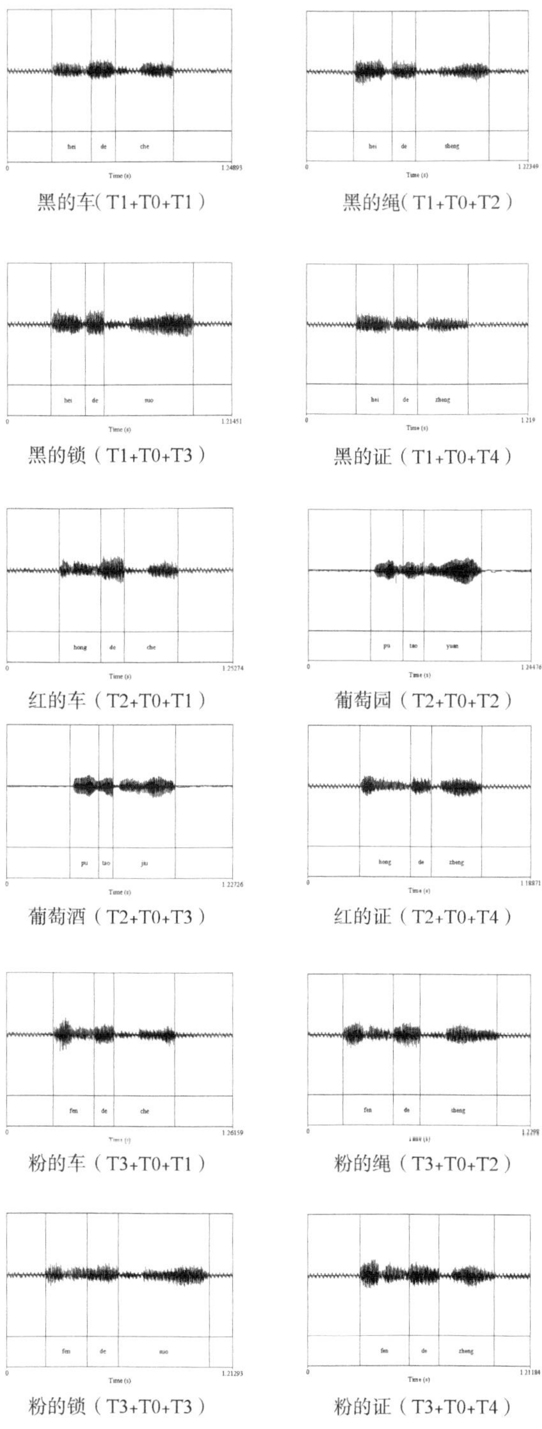

黑的车(T1+T0+T1)

黑的绳(T1+T0+T2)

黑的锁（T1+T0+T3）

黑的证（T1+T0+T4）

红的车（T2+T0+T1）

葡萄园（T2+T0+T2）

葡萄酒（T2+T0+T3）

红的证（T2+T0+T4）

粉的车（T3+T0+T1）

粉的绳（T3+T0+T2）

粉的锁（T3+T0+T3）

粉的证（T3+T0+T4）

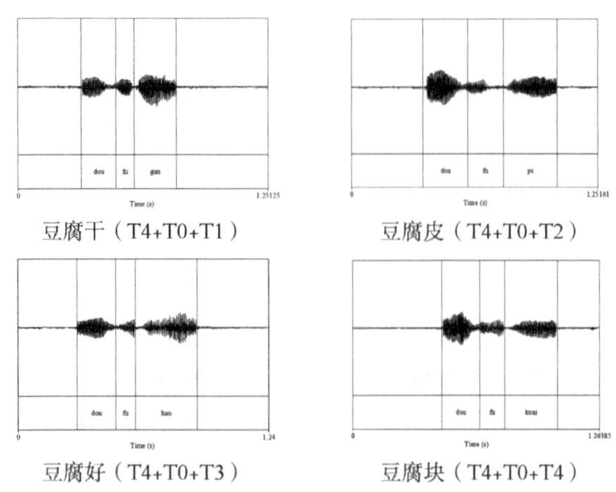

豆腐干（T4+T0+T1）　豆腐皮（T4+T0+T2）

豆腐好（T4+T0+T3）　豆腐块（T4+T0+T4）

图 7–2（b）　“重 + 轻 + 重”三字组时长（女发音人）

通过以上图表，我们可以看出，天津方言的轻声三字组中的两个特点。

①“重 +T0+ 重”三字组中，在前字不同的情况下，轻声音节的时长并无明显差别。

②“重 +T0+ 重”三字组中，在后字不同的情况下，轻声音节的时长并无明显差别。

2. 音高

表 7–4 中，S 代表阴平、阳平、上声、去声等重读音节，N 代表轻声音节。

1）轻声二字组“重 +T0”的音高

通过表 7–4，我们可以看出，轻声在二字组中的三个特点。

① 轻声在不同音节后面音高不同，在二字组中轻声的音高受前字影响，这与石锋（1987）和姜晖（1994）的结论一致。

② 轻声在阴平、去声后面音高为低平或低降，调值分别是 11 或 21。

③ 轻声在上声、阳平后面是中降，音高起点要比在阴平和去声后高，这是受前字的影响，由于前字终点较高。这与姜晖（1994）的实验结果一致。

表 7-4　“重 + 轻”二字组平均音高

字组	基频（Hz）五度值	男发音人			女发音人		
		音高		取样	音高		取样
		S	N		S	N	
T1+T0	基频	116–86	84–78	8	236–186	196–181	8
	五度值	31	11		31	21	
T2+T0	基频	110–131	120–86	6	248–270	240–193	6
	五度值	34	31		45	31	
T3+T0	基频	94–73–128	114–76	7	199–173–250	235–198	7
	五度值	214	31		214	31	
T4+T0	基频	150–95	98–82	6	285–195	216–160	6
	五度值	51	21		51	21	

图 7-3 是女发音人“重 + 轻”二字组的音高曲线图。

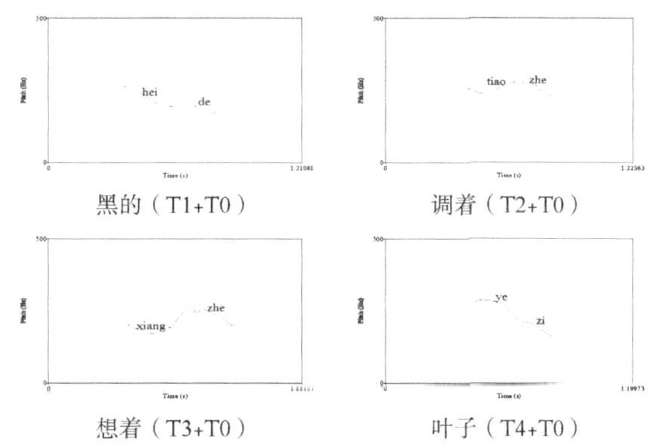

黑的（T1+T0）　调着（T2+T0）

想着（T3+T0）　叶子（T4+T0）

图 7-3　“重 + 轻”二字组的音高曲线（女发音人，单位：Hz）

2）轻声三字组的音高

表 7-5 是“重 + 轻 + 重”三字组平均音高统计数据。

表 7-5 “重 + 轻 + 重”三字组平均音高（单位：Hz）

<table>
<tr><th rowspan="3" colspan="2">字组</th><th rowspan="3">基频（Hz）五度值</th><th colspan="3">男发音人</th><th colspan="3">女发音人</th></tr>
<tr><th colspan="3">音高</th><th colspan="3">音高</th></tr>
<tr><th>S</th><th>N</th><th>S</th><th>S</th><th>N</th><th>S</th></tr>
<tr><td rowspan="8">T1 + T0 +</td><td rowspan="2">T1</td><td>基频</td><td>108–93</td><td>108–153</td><td>127–77</td><td>233–178</td><td>221–269</td><td>230–186</td></tr>
<tr><td>五度值</td><td>31</td><td>34</td><td>31</td><td>31</td><td>34</td><td>31</td></tr>
<tr><td rowspan="2">T2</td><td>基频</td><td>102–89</td><td>75–70</td><td>101–138</td><td>236–175</td><td>203–192</td><td>241–280</td></tr>
<tr><td>五度值</td><td>21</td><td>11</td><td>34</td><td>31</td><td>22</td><td>45</td></tr>
<tr><td rowspan="2">T3</td><td>基频</td><td>115–91</td><td>100–92</td><td>108–115</td><td>235–178</td><td>204–179</td><td>184–164–248</td></tr>
<tr><td>五度值</td><td>31</td><td>21</td><td>23</td><td>31</td><td>21</td><td>214</td></tr>
<tr><td rowspan="2">T4</td><td>基频</td><td>110–75</td><td>95–93</td><td>145–126</td><td>247–180</td><td>210–189</td><td>277–233</td></tr>
<tr><td>五度值</td><td>31</td><td>21</td><td>53</td><td>31</td><td>21</td><td>53</td></tr>
<tr><td rowspan="8">T2 + T0 +</td><td rowspan="2">T1</td><td>基频</td><td>117–134</td><td>127–143</td><td>124–90</td><td>229–260</td><td>267–290</td><td>222–191</td></tr>
<tr><td>五度值</td><td>34</td><td>34</td><td>31</td><td>34</td><td>45</td><td>31</td></tr>
<tr><td rowspan="2">T2</td><td>基频</td><td>120–138</td><td>117–79</td><td>100–124</td><td>237–300</td><td>267–201</td><td>237–280</td></tr>
<tr><td>五度值</td><td>34</td><td>31</td><td>34</td><td>45</td><td>42</td><td>45</td></tr>
<tr><td rowspan="2">T3</td><td>基频</td><td>108–121</td><td>108–85</td><td>98–88–119</td><td>256–271</td><td>263–201</td><td>189–155–228</td></tr>
<tr><td>五度值</td><td>23</td><td>21</td><td>213</td><td>45</td><td>42</td><td>213</td></tr>
<tr><td rowspan="2">T4</td><td>基频</td><td>116–137</td><td>136–80</td><td>142–88</td><td>253–284</td><td>248–178</td><td>275–234</td></tr>
<tr><td>五度值</td><td>34</td><td>41</td><td>51</td><td>45</td><td>31</td><td>53</td></tr>
</table>

续表

字组		基频（Hz）五度值	男发音人			女发音人		
			音高			音高		
			S	N	S	S	N	S
T3+T0+	T1	基频	91–77–131	126–140	108–80	210–186–275	270–289	220–189
		五度值	214	34	21	214	45	31
	T2	基频	89–83–136	107–73	110–136	203–186–273	273–198	225–258
		五度值	214	21	34	214	42	34
	T3	基频	109–95–128	107–79	94-–71–118	200–173–244	234–183	199–153–226
		五度值	213	21	213	213	31	213
	T4	基频	98–75–130	107–75	145–80	208–185–275	275–184	272–190
		五度值	214	21	51	214	51	51
T4+T0+	T1	基频	139–120	137–159	115–89	274–198	238–251	267–169
		五度值	53	45	31	51	34	51
	T2	基频	145–97	95–81	110–137	270–211	203–197	245–262
		五度值	51	21	34	53	21	45
	T3	基频	165–94	90–81	95–76–112	284–191	189–182	201–158–246
		五度值	51	11	213	51	11	214
	T4	基频	143–90	85–83	141–108	279–221	210–179	273–230
		五度值	51	11	53	53	21	53

表 7–5 说明，在“重 + 轻 + 重”中，当轻声后面跟阴平时，轻声的声调曲线都是升调，无论第一个音节的调类是什么，但是轻声的音高值会有不同。当轻声后是阳平、上声或去声时，它的音高曲线总是降的或是平的。

图 7–4 是“重 + 轻 + 重”三字组的基频曲线图。

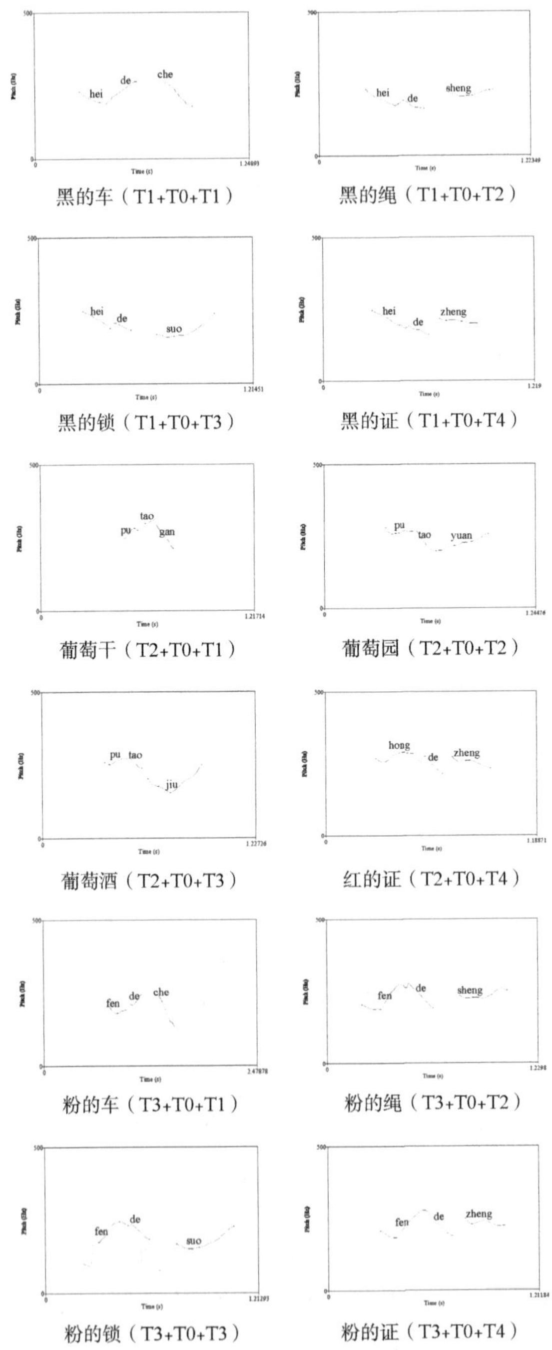

黑的车（T1+T0+T1）　黑的绳（T1+T0+T2）

黑的锁（T1+T0+T3）　黑的证（T1+T0+T4）

葡萄干（T2+T0+T1）　葡萄园（T2+T0+T2）

葡萄酒（T2+T0+T3）　红的证（T2+T0+T4）

粉的车（T3+T0+T1）　粉的绳（T3+T0+T2）

粉的锁（T3+T0+T3）　粉的证（T3+T0+T4）

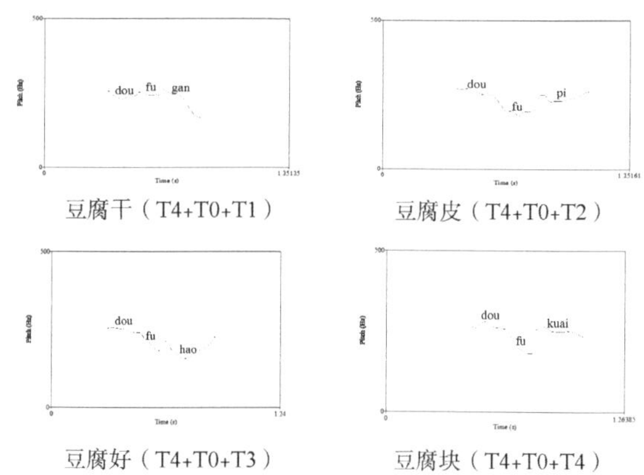

豆腐干（T4+T0+T1）　豆腐皮（T4+T0+T2）

豆腐好（T4+T0+T3）　豆腐块（T4+T0+T4）

图 7–4　"重 + 轻 + 重"三字组的音高（女发音人，单位：Hz）

通过对天津话轻声二字组、三字组中的时长、音高的研究，我们发现天津话的轻声有如下特点。

① 与北京话一样，天津话轻声的音长大约只有其他四声的一半。

② 在二字组中轻声的起点与前字终点协同发音，终点均为低。

③ 在三字组中轻声的起点也与前字终点协同发音，终点在阴平前为高，在其他地方为低。这和姜晖（1994）的实验基本相符，证实了姜晖的结论。

7.2　天津话轻声的音系表达

王嘉龄、姜晖（1997）曾对天津话轻声的音高作出以下概括：

天津话轻声的时长短，约为其他四声时长的一半；天津话轻声虽短，但它的音高在语图上不是一个点，而是一条线，有升、降、高平和低平等几种调型；带轻声的两字组有三种类型，即叠音型（如姐姐、妈妈），助词型（如红的、想着）和综合型（如东西、行李）。通过实验发现三类词中轻声字的音高遵循同样规律，没有差别；轻声音高形式同样可以用 L、H 两个特征来进行音系表达，见表 7–6。

表 7–6（a）　天津话轻声在两字组中的调型

前字调类	后字（轻声）调型
阴平 LL	低平 LL

续表

前字调类	后字（轻声）调型
阳平 HH	降调 HL
上声 LH	降调 HL
去声 HL	低平 LL

表 7-6（b） 天津话轻声在三字组中的调型

前字＼后字	阴平 LL	阳平 HH	上声 LH	去声 HL
阴平 LL	升调 LH	低平 LL	低平 LL	低平 LL
阳平 HH	高平 HH	降调 HL	降调 HL	降调 HL
上声 LH	高平 HH	降调 HL	降调 HL	降调 HL
去声 HL	升调 LH	低平 LL	低平 LL	低平 LL

天津话轻声音高起点受到前字终点音高的同化影响。如前字为降调（HL）或低平（LL），轻声起点为低（L），前字为升调（LH）或高平（HH），轻声起点为高（H）。这是一种协同发音效应，属于语音学的范畴。天津话轻声是两字组后字时，其终点均为低（L）。轻声是三字组的中字时，其音高终点不受后字起点音高的协同发音影响。如后字为阴平（LL）或上声（LH）时，后字起点均为L，但前面的中字轻声终点，在阴平（LL）前为H，在上声（LH）前为L。这就无法用协同发音来解释。但中字轻声终点音高受后字调类影响，即在阴平前为H，在其他三个调前为L。

① 轻声作为两字组后字时的终点音高 LL.L HH.L LH.L HL.L

② 轻声作为三字组中字时的终点音高 H.LL L.HH L.LH L.HL

轻声终点音高不能用协同发音来解释，而只能用天津话声调系统的特点来说明，属于音系学的范畴。

从以上概括可以看出，轻声起点音高是协同发音效应，属语音学范畴，其终点音高由天津话声调系统特点所决定，属音系学范畴，轻声调型是协同发音与音系作用交互作用的结果。因此，在表征轻声的音系特征时，我们只标出属于音系学范畴的轻声终点的声调特征，而不必标出受协同发音影响而来的起点音高。

以上概括和分析是王嘉龄、姜晖（1997）根据姜晖（1994）的实验得出来的。

7.3 天津话轻声的优选论分析[1]

如前所述，声调平面上的轻声来自重音平面上的轻音（非重读音节），在输入项时，用下标 N 表示，如“东西” 可表示为 $LL.LL_N$，“黑的”可表示为 $LL.0_N$。（“西”标为 LL，而“的”标为 0，因“西”在词库中的声调为阴平（LL），而助词“的”在词库中即无调（0））

轻声时长其他为四声的一半，因此轻声音节只有一个作为时长单位和载调单位的莫拉。作为输出项，轻声音节下面的这个莫拉不能没有声调特征，也不能有两个声调特征，而必须有一个声调特征。我们可以据此确定以下制约条件。

1）轻声单莫拉（简称“轻声”）

轻声音节必须且只能与一个莫拉相连接。

Pulleyblank（1986）认为，当一个声调语言只有 L 与 H 两个声调特征时，缺省调为 L，而不是 H。我们据此制定另一条制约条件。

2）轻声非高缺省（简称“* 轻声 H”）

轻声音节的莫拉不能与 H 相接。

下面排列以上两条制约条件（“轻声”、“* 轻声 H”）的层级顺序。先看两字组情况，见表 7-7（a）（b）。两字组后字为轻声时都是采纳缺省赋值原则。

表 7-7（a） T1+N

输入项：$LL.0_N$	轻声	* 轻声 H
$LL.0_N$	*!	
☞ $LL.L_N$		
LL.H		*
LL.LH	*!	
LL.HL	*!	
LL.HH	*!	
LL.LL	*!	

1 本节主要内容曾作为专著《汉语轻声的优选论分析》（天津大学出版社，2012 年，作者：路继伦、王嘉龄等）里的一节。

表 7-7（b） T1+N

输入项：LL.0_N	*轻声 H	轻声
LL.0_N		*!
☞ LL.L_N		
LL.H	*!	
LL.LH		*!
LL.HL		*!
LL.HH		*!
LL.LL		*!

表 7-7（a）（b）说明阴平 + 轻声用这两条制约条件没有高低等级之分，其他三个声调后加轻声情况亦可得出此结论。那么，只用这两个制约条件是否可以得出三字组中间是轻声的正确数据呢？请看表 7-8。因为轻声起点与前字是协同发音，我们这里不考虑前字具体是哪个声调，只考虑其是音系作用的终点。

表 7-8（a） T+0_N+LL

输入项：T.0_N LL	轻声	*轻声 H
T.0_N LL	*!	
☞ T.L_N LL		
T.H LL		*

表 7-8（b） T+0_N+HH

输入项：T.0_N HH	轻声	*轻声 H
T.0_N HH	*!	
☞ T.L_N HH		
T.H HH		*

表 7-8（c） T+0_N+LH

输入项：T.0_N LH	轻声	*轻声 H
T.0_N LH	*!	
☞ T.L_N LH		

续表

输入项：T.0_N LH	轻声	* 轻声 H
T.H LH		*

表 7–8（d） T+0_N+HL

输入项：T.0_N HL	轻声	* 轻声 H
T.0_N HL	* !	
☞ T.L $_N$ HL		
T.H HL		*

表 7–8（a）~（d）显示任意调 + 轻声 + 阴平不能得出正确结论，其余均可得到正确数据。因为轻声出现在阴平前，其终点是一个 H，所以我们需要制定另一条制约条件，来首先确保轻声终点在阴平前是一个 H 值。这里我们可以设定第三个制约条件如下。

3）阴平前不能是 L（简称 *L.LL）

下面我们将这一制约条件代入评估装置。由于阴平前不能是 L，只能是 H，所以它应该排在轻声应该是 L 的制约条件 "* 轻声 H" 的前面，见表 7–9。

表 7–9（a） T+0_N+LL

输入项：T.0_N LL	轻声	*L.LL	* 轻声 H
T.0_N LL	* !		
T.L $_N$ LL		*!	
☞ T.H LL			*

这样的排序可以得出正确数据。反之，则不可。

表 7–9（b） T+0_N+LL

输入项：T.0_N LL	轻声	* 轻声 H	*L.LL
T.0_N LL	* !		
☞ T.L $_N$ LL			*
T.H LL		*!	

那么，"*L.LL" 和 "轻声" 有无高低等级之分呢？请看表 7–9（c）。

表 7-9（c） $T+0_N+LL$

输入项：$T.0_N$ LL	*L.LL	轻声	* 轻声 H
$T.0_N$ LL		*!	
$T.L_N$ LL	*!		
☞ T.H LL			*

制约条件“*L.LL”和“轻声”无论哪个在前，不影响得出正确数据。这就解决了阴平前面出现轻声的问题。那么，这三个制约条件及其排序能否也适用其他三种情况呢？见表 7-10。

表 7-10（a） $T+0_N+HH$

输入项：$T.0_N$ HH	轻声	*L.LL	* 轻声 H
$T.0_N$ HH	* !		
☞ $T.L_N$ HH			
T.H HH			*

表 7-10（b） $T+0_N+LH$

输入项：$T.0_N$ LH	轻声	*L.LL	* 轻声 H
$T.0_N$ LH	* !		
☞ $T.L_N$ LH			
T.H LH			*

表 7-10（c） $T+0_N+HL$

输入项：$T.0_N$ HL	轻声	*L.LL	* 轻声 H
$T.0_N$ HL	* !		
☞ $T.L_N$ HL			
T.H HL			*

表 7-10（a）~（c）说明这三个制约条件及其排序也适用于其他三种情况。到此我们解决了天津话轻声的音系分析。

7.4　轻声与连读变调

我们在之前的著作（路继伦、王嘉龄等 2012）中也曾将天津话轻声和连读变调用同一套制约条件一起分析。

我们为连读变调制定的忠实性制约条件如下。

1）“不删调”（Max-IO（T），Max 表示“最大”，I 表示“输入”，O 表示“输出”，T 表示声调特征）

这条制约条件要求，输入项的每一个声调特征在输出项中都要有一个对应的声调特征（即在输出项中不删除声调特征，但不要求对应的是同一特征）。

2）“不增调”（Dep-IO（T），Dep 表示“依存”，I 表示“输入”，O 表示“输出”，T 表示声调特征）

这条制约条件要求，输出项的每一个声调特征在输入项中都要有一个对应的声调特征（即在输出项中不增添声调特征）。

3）“不变调”（Iden-IO（T），Identity 表示不变）

这条制约条件要求，输入项中每个声调特征在输出项中保持不变。例如，输入项是 LH，输出项也是 LH，不违反这一制约条件，而输出项为 HH 或 LL，均违反这一制约条件。

4）“右字不变调”（RIden-IO（T））

简写“右不变”，要求右边非轻声音节的声调特征不变。

标记性制约条件如下。

5）“相同曲拱制约条件”（简称“*XY.XY”，Y 与 X 之间的点（.）表示音节界限）

两个相邻音节不能有相同曲拱。例如，不允许出现 LH.LH 或 HL.HL。

6）“邻调制约条件”（简称“*X.X”）

两个相邻音节的相邻声调特征不能相同。例如，不允许出现 HL.LH，LH.HL，LL.LH 等情况。

7）“连续低调制约条件”（简写为“*L.LL”）

L 不能出现在低平调的音节前面。不允许出现 LL.LL 或 HL.LL。

经过排序分析得到分析天津话连读变调的有层级排列的制约条件。

不删调，不增调，右不变 > *L.LL，*XY.XY > 不变调 > *X.X

我们为天津话轻声确定了以下制约条件。

① 轻声制约条件（简称“轻声”）：轻声音节必须且只能与一个莫拉相连接。

② 轻声非高制约条件（简称“* 轻声 H”）：轻声音节的莫拉不能与 H 相接。

我们将以上两条轻声制约条件（“轻声”与“* 轻声 H”）与前面连读变调相关制约条件进行层级顺序。先排列“轻声”与“不增调”的层级顺序，见（7）。

表 7–11（a） “轻声”与“不增调”的排序

输入项：$LL.0_N$	轻声	不增调
$LL.0_N$	*!	
☞ $LL.L_N$		*

表 7–11（b） “轻声”与“不增调”的排序

输入项：$LL.\ 0_N$	不增调	轻声
☞ $LL.0_N$		*
$LL.L_N$	*!	

根据以上比较看出，“轻声”层级比“不增调”高时，优选项 $LL.L_N$ 符合语言实际，而“不增调”层级比“轻声”高时，优选项 $LL.0_N$ 不符合语言实际。因此，“轻声”的层级应比“不增调”高。

下面再看“轻声”与“不删调”该如何进行层级排序，见表 7–12。

表 7–12（a） “轻声”与“不删调”的排序

输入项： $LL.LL_N$	轻声	不删调
$LL.LL_N$	*!	
☞ $LL.L_N$		*

表 7–12（b） “轻声”与“不删调”的排序

输入项： $LL.LL_N$	不删调	轻声
☞ $LL.LL_N$		*
$LL.L_N$	*!	

根据以上比较看出，“轻声”层级比“不删调”高时，优选项 $LL.L_N$ 符合语言实际，而“不删调”层级比“轻声”高时，优选项 $LL.LL_N$ 不符合语言实际。因此，“轻声”的层级应比“不删调”高。

下面再看"* 轻声 H"与"*L.LL"和"*X.X"的层级排列。先看"* 轻声 H"与"*L.LL"的层级排序，见表 7–13。

表 7–13（a）　"* 轻声 H"与"*L.LL"的排序

输入项：0_N.LL	*L.LL	* 轻声 H
L_N.LL	*!	
☞ H_N.LL		*

表 7–13（b）　"* 轻声 H"与"*L.LL"的排序

输入项：0_N.LL	* 轻声 H	*L.LL
☞ L_N.LL		*
H_N.LL	*!	

根据表 7–13（a）（b），"* 轻声 H"层级比"*L.LL"高时，优选项 L_N.LL 不符合语言实际，而"*L.LL"层级比"* 轻声 H"高时，优选项 H_N.LL 符合语言实际，因此，这两个制约条件的排列是"*L.LL"的层级比"* 轻声 H"高。

最后排列"* 轻声 H"与"*X.X"的层级，见表 7–14。

表 7–14（a）　"* 轻声 H"与"*X.X"的排序

输入项：LL.0_N	* 轻声 H	*X.X
LL.H_N	*!	
☞ LL.L_N		*

表 7–14（b）　"* 轻声 H"与"*X.X"的排序

输入项：LL.0_N	*X.X	* 轻声 H
☞ LL.H_N		*
LL.L_N	*!	

根据表 7–14（a）（b），"*X.X"层级高于"* 轻声 H"时，优选项 LL.H_N 不符合语言实际，而"* 轻声 H"层级高于"*X.X"时，优选项 LL.L_N 符合语言实际，因此，"* 轻声 H"层级高于"*X.X"。

综合以上几种排列，得到这几种制约条件的层级排列：

轻声 > 不删调，不增调，*L.LL > * 轻声 H > *X.X

下面将 $LL.0_N$，$LL.HL_N$，$0_N.LL$，$0_N.LH$ 作为输入项，用以上经过层级排列的制约条件进行筛选，见表 7–15。

表 7–15（a） 不同制约条件的排序

输入项：$LL.0_N$	轻声	不删调	不增调	*L.LL	* 轻声 H	*X.X
$LL.0_N$	* !					
$LL.H_N$			*		* !	
☞ $LL.L_N$			*			*

表 7–15（b） 不同制约条件的排序

输入项：$LL.HL_N$	轻声	不删调	不增调	*L.LL	* 轻声 H	*X.X
$LL.0_N$	* !	**				
$LL.H_N$		*			* !	
☞ $LL.L_N$		*				*
$LL.HL_N$	* !					

表 7–15（c） 不同制约条件的排序

输入项 $0_N.LL.$	轻声	不删调	不增调	*L.LL	* 轻声 H	*X.X
$0_N.LL$	* !					
$L_N.LL$			*	* !		*
☞ $H_N.LL$			*		*	

表 7–15（d） 不同制约条件的排序

输入项：$0_N.LH$	轻声	不删调	不增调	*L.LL	* 轻声 H	*X.X
$0_N.LH$	* !					
☞ $L_N.LH$			*			*
$H_N.LH$			*		* !	

表 7–15（a）~（d）所筛选出来的四个优选项均符合天津话轻声音系特征。

用优选论的制约条件可以很好地表示出天津话的音系。例如，天津话两个上声（LH）相连和两个去声（HL）相连都要发生连读变调，优选论可以用一条“相同曲拱制约条件”对为什么要发生连读变调给予解释，并根据制约条件间的交互作用筛选出连读变调的结果。

在分析天津话连读变调时我们运用下面的制约条件层级排列：

不删调，不增调，右不变 > *L.LL，*XY.XY > 不变调 > *X.X

在分析轻声的音系特征时运用了以下制约条件层级排列：

轻声 > 不删调，不增调 > *L.LL > * 轻声 H > *X.X

将两者合到一起，可得到下面的制约条件层级排列：

轻声 > 不删调，不增调，右不变 > *L.LL，*XY.XY > * 轻声 H > 不变调 > *X.X

但这一排列却在评估轻声时出现问题。问题出在"右不变"的层级排列位置上。由于在连读变调中，右边的声调总是不变的，因此将"右不变"放在最前面。在天津话重轻型两字组中，右边的轻声输入项总是取缺省声调特征 L，这是由用"* 轻声 H"来加以制约的。如果输入项是 HH，则输出项 L 就违反了"右不变"制约条件。那么"* 轻声 H"和"右不变"的层级排列顺序应该是怎样的呢？见表 7–16（a）（b）。

表 7–16（a） "* 轻声 H"和"右不变"的排序

输入项：$LH.HH_N$	右不变	* 轻声 H
$LH.L_N$	*!	
☞ $LH.H_N$		*

表 7–16（b） "* 轻声 H"和"右不变"的排序

输入项：$LH.HH_N$	* 轻声 H	右不变
☞ $LH.L_N$		*
$LH.H_N$	*!	

表 7–16（a）（b）根据，"右不变"层级高于"* 轻声 H"时，优选项 $LH.H_N$ 不符合语言实际；而"* 轻声 H"高于"右不变"时，优选项 $LH.L_N$ 符合语言实际。因此，"* 轻声 H"层级应高于"右不变"（* 轻声 H > 右不变）。

由于"右不变"层级高于"不变调"，因此应将层级排列调整一下，成为下面的样子：

轻声 > 不删调，不增调 > *LL.L，*XY.XY > * 轻声 H > 右不变 > 不变调 > *X.X

这一排列既可以对轻声进行正确的分析，也可以对连续变调进行正确的分析。先看对 $LL.0_N$，$LH.HH_N$ 和 $0_N.LL$ 的分析，见表 7–17（a）（b）（c）。

表 7–17（a） 不同制约条件的排序

输入项：LL.0_N	轻声	不删调	不增调	*L.LL	*XY.XY	* 轻声 H	右不变	不变调	*X.X
LL.0_N	*！								
LL.H_N			*			*！	*		
☞ LL.L_N			*				*		*

表 7–17（b） 不同制约条件的排序

输入项：LH.HH_N	轻声	不删调	不增调	*L.LL	*XY.XY	* 轻声 H	右不变	不变调	*X.X
LH.0_N	*！	**							
LH.H_N		*				*！			
☞ LL.L_N		*					*	*	*

表 7–17（c） 不同制约条件的排序

输入项：0_N.LL	轻声	不删调	不增调	*L.LL	*XY.XY	* 轻声 H	右不变	不变调	*X.X
0_N.LL	*！								
L_N.LL			*	*！					*
☞ H_N.LL			*			*	*		

表 7-17（a）~（c）所评估出来的优选项均符合天津话轻声的实际情况，因此上述的制约条件层级排列完全适用于分析天津话轻声，并可以再用这一排列来分析连读变调。这里我们取 LL.LL 和 LH.LH 进行分析，见表 7-18。

表 7–18（a） 不同制约条件的排序

输入项：LL.LL	轻声	不删调	不增调	*L.LL	*XY.XY	* 轻声 H	右不变	不变调	*X.X
LL.LL				*！					*
☞ LH.LL								*	
HL.LL				*！				*	*
HH.LL								**！	

续表

输入项：LL.LL	轻声	不删调	不增调	*L.LL	*XY.XY	* 轻声 H	右不变	不变调	*X.X
LL.HL							* !	*	
LL.LH				* !			*	*	*

表 7–18（b）　不同制约条件的排序

输入项：LH.LH	轻声	不删调	不增调	*L.LL	*XY.XY	* 轻声 H	右不变	不变调	*X.X
LH.LH					* !				
☞ HH.LH								*	
HL.LH								**!	*
LL.LH								*	*!
LH.HL							* !	**	*
LL.HL							* !	***	

表 7–18（a）（b）中所评估出的优选项符合语言实际。用上述排列分析其他两种变调和不变调也均能得出正确的结果。因此，以上这个制约条件层级排列，可以对天津话的连读变调和轻声的音系声调特征给予一个具有原则性的统一解释。

第 8 章　宿州话轻声及优选论分析

轻声实验数据的处理与分析的方式同单字调与双字调相同。这里我们取一位男发音人（M2）和一位女发音人（F1）的语音实验数据。

8.1　两字组轻声

1. 音高

首先在此呈现阴平 / 阳平 / 上声 / 去声 + 轻声（S+N）的基频值，见表 8-1。

表 8-1　TX+T0 的基频均值（单位：赫兹）

声调 \ 项目		发音人	样本数	基频均值									
				F01	F02	F03	F04	F05	F06	F07	F08	F09	F10
T1+T0	前字	M2	9	161	154	146	140	134	129	124	118	116	113
		F1	10	201	193	184	177	170	166	163	160	156	155
	后字	M2	9	140	146	153	159	164	166	165	164	161	150
		F1	10	170	173	177	182	186	190	193	192	186	178

续表

声调＼项目		发音人	样本数	基频均值									
				F01	F02	F03	F04	F05	F06	F07	F08	F09	F10
T2+T0	前字	M2	12	230	234	238	241	241	240	237	233	227	220
		F1	11	258	262	266	271	276	281	283	283	282	277
	后字	M2	12	157	152	148	143	137	131	124	117	110	101
		F1	11	231	220	210	199	189	179	169	161	155	150
T3+T0	前字	M2	12	170	172	174	180	186	191	196	200	202	201
		F1	12	180	178	176	178	184	193	201	208	216	224
	后字	M2	12	188	186	183	178	172	165	159	151	142	131
		F1	12	247	247	243	238	231	222	212	202	191	185
T4+T0	前字	M2	10	266	268	263	250	233	211	190	174	162	152
		F1	10	346	342	335	324	306	284	261	241	222	208
	后字	M2	10	131	130	129	126	124	121	118	113	108	100
		F1	10	170	165	161	158	154	150	145	140	135	130

根据表 8-1，可以得出 M2 和 F1 在 S+N 结构中的调域，具体见表 8-2。

表 8-2　M2 和 F1 在 S+N 中的调域

发音人＼项目	最大值	最小值	差异
M2	268	100	168
F1	346	130	216

与不包含轻声的双字调相比，M2 在双字组轻声中调域更广，F1 在两种结构中的调域基本相同。观察可以发现对于 M2 和 F1 来说，基频最大值和最小值都出现在 T4+T0（去声 + 轻声）中，去声的基频值最大，轻声的基频值最小。

基于表 8-1 的基频值，可以得出 S+N 结构的调值。M2 和 F1 的双字组轻声的调值曲线具体如图 8-1 所示。

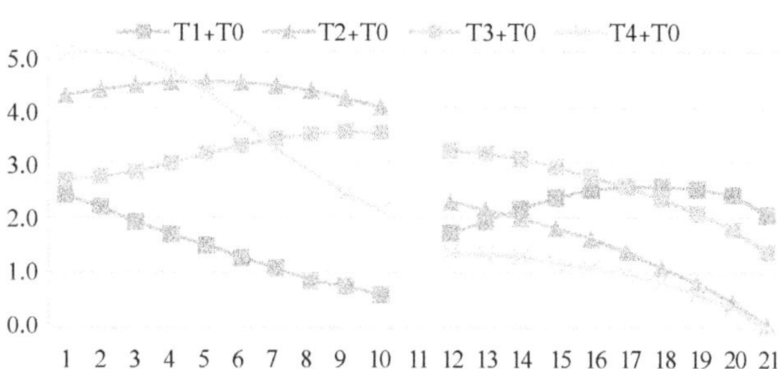

图 8-1（a）　M2 的 TX+T0 调值曲线

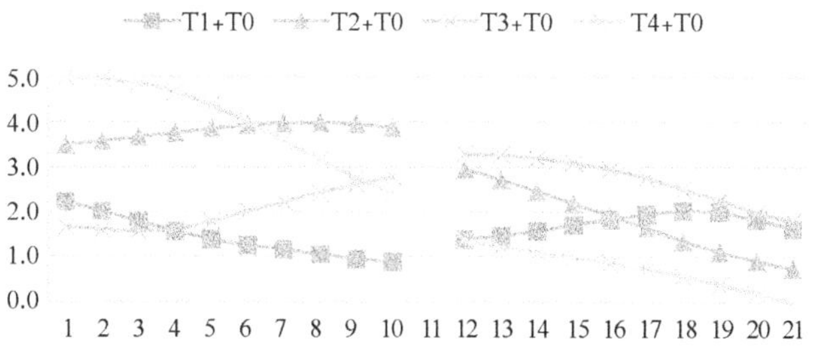

图 8-1（b）　F1 的 TX+T0 调值曲线

从图 8-1（a）和（b）中，我们可以预测宿州市方言的轻声并不总是又轻又短的。轻声在阴平 + 轻声中是一个升调，调值为 23；轻声在阳平 / 上声 + 轻声中是一个降调，下降的范围跨两个调域。在这两种情况下，宿州市方言的轻声不像普通话中又轻又短；去声 + 轻声中的轻声调值为 21，调型是一个微降调。参考其宽带及窄带语图，在去声 + 轻声结构中，轻声的波形既轻又短，和普通话中轻音的语图相似。关于轻声起点音高的排列顺序，上声后的轻声起点音高最高，其次是阳平，再次是阴平，去声最低。上声后的轻声为高降调，阳平后的为中降调，去声后的为低降调。

M2 和 F1 在 TX+T0 中的具体调值见表 8-3。

表 8-3　TX+T0 的调值

TX　　　　T0		T0
T1	M2	31+23
	F1	32+23

续表

TX \ T0		T0
T2	M2	55+31
	F1	44+31
T3	M2	34+42
	F1	23+42
T4	M2	53+21
	F1	53+21

观察表 8-3，可以发现轻声起点的音高和前调终点的音高密切相关。例如，在阴平 + 轻声中，轻声的起点音高是 2，等同于或接近阴平的终点音高 1 或 2。在上声 + 轻声中，上声是一个升调，终点音高为 4 或 3，轻声的起点音高为 4。这一现象可用声调的协同发音解释。

宿州市方言中轻声的终点音高表现如下：在阴平 + 轻声中，终点音高是 3；在阳平 / 上声 / 去声 + 轻声中，终点音高是 1 或 2，可被视为低调。对比四种 TX+T0 结构，阴平 + 轻声最特殊。因为只有在阴平 + 轻声中，轻声是一个升调，在其他三种结构中，轻声的调型是降调。关于这一现象的解释可以从阴平单念形式的特征入手。宿州市方言中的阴平单念时的调型对于 M2 来说是一个凹调，对于其他四位发音人来说调型具有降—升的趋势。林茂灿、颜景助（1992）提到“当一个凹调后是轻声，并且轻声音节依赖于非轻音节时，非轻声音节的声调可以扩展到轻声音节上”。因此阴平 + 轻声构成了一个凹调。

这与普通话轻声很类似。根据前人研究，轻声音节本身并没有固定的调值，它的调值随前字而定。前人得到的调值略有差别，但从音系角度来看，上声后边轻声为 H，在其他声调后边为 L。上声后为 H 是因为只有上声调是一个凹调，其他调都不是。而在宿州方言中只有阴平是一个凹调，其他调都不是。因此，这个凹调（阴平）后的轻声会是一个高调（H），而在其他声调（阳平、上声、去声）后的轻声是一个低调（L）。

轻声的起点是协同发音，终点是音系作用。如果我们只考虑其终点的话，阴平后的轻声是 H，阳平、上声、去声后的轻声是 L。

2. 时长

双字组轻声的时长具体见表 8-4。

表 8–4　M2 和 F1 在 TX+T0 中的时长

TX \ T0		T1+T0	T2+T0	T3+T0	T4+T0
时长（毫秒）	M2	178+162	160+153	158+155	158+150
	F1	157+184	115+106	129+122	106+ 102

根据表 8–4，TX+T0 中非轻声音节的时长和轻声音节的时长相似。M2 非轻声音节的平均时长是 164 毫秒，轻声音节的平均时长是 155 毫秒。F1 前后两个音节的时长分别为 127 毫秒和 129 毫秒。

图 8–2 是 M2 和 F1 在 TX+T0 中的标准化时长。

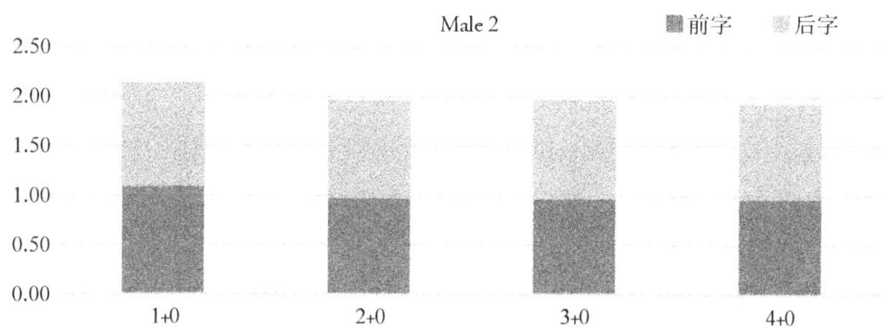

图 8–2（a）　M2 在 TX+T0 中的标准化时长

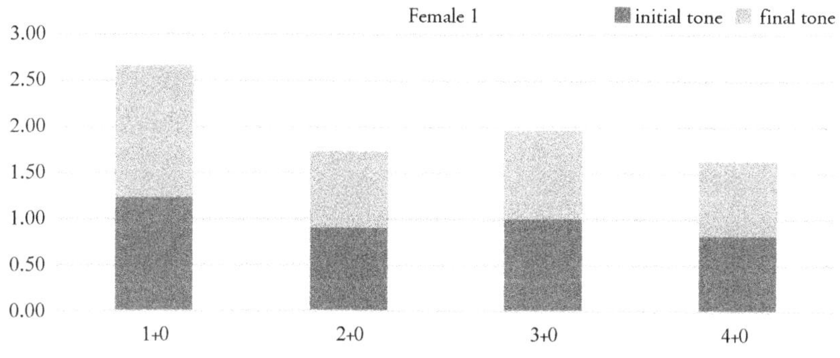

图 8–2（b）　F1 在 TX+T0 中的标准化时长

观察图 8–2（a）和（b）可以看出，对于 M2 而言，TX+T0 中的四种组合的时长差别不大；对于 F1 来说，阴平 + 轻声的时长最长，其次是上声 + 轻声。总的来说 M2 四种组合的时长长于 F1。这可能是由于 M2 发音时语速比 F1 慢导致的。

8.2 两字组轻声的优选论分析

宿州话轻声音高起点受到前字终点音高的同化影响，这是一种协同发音效应，属于语音学的范畴。轻声终点表现不一，属于音系学范畴。如果我们只考虑其终点的话，阴平后的轻声是 H，阳平、上声、去声后的轻声是 L。

轻声在阴平、阳平、上声、去声后的终点音高表现为：LL.H > HH.L > LH.L > HL.L。

轻声调型是协同发音与音系作用交互作用的结果。因此，在表征轻声的音系特征时，我们只标出属于音系学范畴的轻声终点的声调特征，而不必标出受协同发音影响而来的起点音高。

1. 制约条件及排序

轻声音节只有一个作为时长单位和载调单位的莫拉。因此，作为输出项，轻声音节下面的这个莫拉不能没有声调特征，也不能有两个声调特征，而必须有一个声调特征。我们可以据此确定以下制约条件。

1）“轻声单莫拉”（简称“轻声”）

轻声音节必须且只能与一个莫拉相连接。

这就保证了轻声必须并且只能连接一个声调特征 H 或 L。它是一个首要条件，等级最高。

2）“轻声非高缺省”（简称“* 轻声 H”）

轻声音节的莫拉不能与 H 相接。

这条制约条件使得轻声只能连接 L，而不能连接 H。

显然仅有上面两条制约条件无法得到阴平后的轻声的 H。因此，我们需要另外一条制约条件来保障阴平后的轻声获得 H。

3）“*LL.L”

连续低调不能相连。

这就保证了阴平（LL）后不能再出现 L。

下面排列并检测以上“* 轻声 H”和“*LL.L”的层级顺序。我们先把“* 轻声 H”排在“*LL.L”之前，见表 8–5（a）。

表 8–5（a）　T1+N

输入项：LL.0_N	轻声	* 轻声 H	*LL.L
LL.0_N	*!		
☞ LL.L			*
LL.H		*!	
LL.LH	*!		
LL.HL	*!		
LL.HH	*!		
LL.HL	*!		

这种排序不能得出正确语料。下面我们把“*LL.L”排在“* 轻声 H”之前，见表 8–5（b）。

表 8–5（b）　T1+N

输入项：LL.0_N	轻声	*LL.L	* 轻声 H
LL.0_N	*!		
LL.L		*!	
☞ LL.H			*
LL.LH	*!		
LL.HL	*!		
LL.HH	*!		
LL.HL	*!		

这种排序可以得出正确语料。那么，用于其他声调 + 轻声是否也正确呢？见表 8–6~ 表 8–8。

表 8–6　T2+N

输入项：HH.0_N	轻声	*LL.L	* 轻声 H
HH.0_N	*!		
☞ HH.L			
HH.H			*

续表

输入项：HH.0_N	轻声	*LL.L	* 轻声 H
HH.LH	*！		
HH.HL	*！		
HH.HH	*！		
HH.HL	*！		

表 8-7 T3+N

输入项：LH.0_N	轻声	*LL.L	* 轻声 H
LH.0_N	*！		
☞ LH.L			
LH.H			*
LH.LH	*！		
LH.HL	*！		
LH.HH	*！		
LH.HL	*！		

表 8-8 T4+N

输入项：HL.0_N	轻声	*LL.L	* 轻声 H
HL.0_N	*！		
☞ HL.L			
HL.H			*
HL.LH	*！		
HL.HL	*！		
HL.HH	*！		
HL.HL	*！		

表 8-6~ 表 8-8 说明这种排序是正确的。

8.3　两字组轻声与连读变调

连读变调与轻声是否可以一同分析呢？前面章节中提到宿州方言两字组连读变调中涉及的制约条件如下。

1. 忠实性制约条件

1）“不删除”

输入项中的每个声调特征要在输出项中保留。

这一制约条件要求原来的两个声调特征，变调后不能减少，还要保持两个。

2）“不增添”

输出项中的每个声调特征是输入项中原来就有的。

3）“右字调不变”（简称“右不变”）

两字组中右边音节的声调特征保持不变。

和大部分汉语方言一样，宿州方言是前字变调，因此这一制约条件排列层级最高。

4）“不变调”

底层形式和表层形式中的任一声调或声调特征必须保持一致。

这是为了保证大部分声调不产生变调。如输入项为 LL.LL，输出项为 LH.LL，则违反了这一制约条件。

5）“核心声调忠实性”（faith nuclear tone）

核心声调不发生改变。

因为宿州方言两字组连读变调中只有 LL 在另一个 LL 前变成 LH，因此推断在一个音节中第一个声调特征是核心声调，核心声调保持不变。

2. 标记性制约条件

6）“OCP”（whole tone）

两个完全相同的声调不能相邻。

例如：LL.LL，LH.LH，HH.HH 和 HL.HL 均违反这一制约条件。

7）“*LL.LL”

两个低平调不能相邻。

这一制约条件在北京话和天津话中同样适用，LL.LL 均变成 LH.LL。

我们还得出了用于分析宿州方言两字组连读变调的制约条件层级体系：

不增添，不删除，右不变，核心声调忠实性，*LL.LL > 不变调 > OCP（whole tone）。

3. 制约条件的排序

制约条件“右不变”要求右边的声调特征不能变，而两字组轻声明显要求右字轻声只保留一个声调特征，说明“右不变”要排在“轻声”的后面，见表 8–9。

表 8–9　不同制约条件的排序

输入项：LL. 0_N	轻声	右不变	* 轻声 H
LL. 0_N	*!		
☞ LL.H		*	

以上得出了制约条件层级体系：

不增添，不删除，轻声 > 右不变，核心声调忠实性，*LL.LL > 不变调 > OCP（whole tone）。

前面讲了轻声 > *LL.L > * 轻声 H 的顺序，这一制约条件层级体系足以得出符合语言事实的表层形式，但是为了得出一个可以适用于两字组连读变调和两字组轻声的层级体系，需要在“不变调”和“* LL.L”之间进行排序，以确保阴平 LL 后可以出现上声 LH，见表 8–10。

表 8–10　不同制约条件的排序

输入项：LL. LH	不变调	*LL.L	* 轻声 H
LH.LH	*!		
☞ LL.LH		*	

LH.LH 违背了层级更高的制约条件因此被排除，LL.LH 是优选项。

以上得出了制约条件层级体系：

不增添，不删除，轻声 > 右不变，核心声调忠实性，*LL.LL > 不变调 > *LL.L > * 轻声 H，OCP（whole tone）。

下面我们将经过检验得出能分析宿州方言两字组连读变调和两字组轻声的制约条件层级体系及排序带入评估图示，见表 8–11~ 表 8–14。（这里不对不增添、不删除进行分析）

表 8-11　T1+T0

输入项：LL+0_N	轻声	右不变	核心声调忠实性	*LL.LL	不变调	*LL.L	* 轻声 H	OCP（whole tone）
LL+0_N	*!							
LL+L		*			*	*!		
☞LL+H		*			*		*	
LL+LH	*!				**			

表 8-12　T2+T0

输入项：HH+0_N	轻声	右不变	核心声调忠实性	*LL.LL	不变调	*LL.L	* 轻声 H	OCP（whole tone）
HH+0_N	*!							
HH+H		*			*		*!	
☞HH+L		*			*			
HH+LH	*!				**			

表 8-13　T3+T0

输入项：LH+0_N	轻声	右不变	核心声调忠实性	*LL.LL	不变调	*LL.L	* 轻声 H	OCP（whole tone）
LH+0_N	*!							
LH+H		*			*		*!	
☞LH+L		*			*			
LH+LH	*!				**			*

表 8-14　T4+T0

输入项：HL+0_N	轻声	右不变	核心声调忠实性	*LL.LL	不变调	*LL.L	* 轻声 H	OCP（whole tone）
HL+0_N	*!							
HL+H		*			*		*!	
☞HL+L		*			*			
HL+HL	**!				**			*

结果表明上述制约条件层级体系可以成功分析宿州方言的两字组轻声，这一层级体系是否可以分析两字组连读变调还有待进一步验证，这里我们列举部分两字组顺序的评估结果，包括两字组连读变调的和两字组不发生连读变调的组合，见表 8-15~ 表 8-20。

表 8-15　T1+T1（LL.LL → LH.LL 发生连读变调）

输入项：LL.LL	轻声	右不变	核心声调忠实性	*LL.LL	不变调	*LL.L	* 轻声 H	OCP（whole tone）
LL.LL				*!		*		*
☞LH.LL					*			
HH.LL			*!		**			
HL.LL			*!		*			
LL.HH		*!	*		**			

表 8-16　T1+T3　（LL.LH → LL.LH）

输入项：LL.LH	轻声	右不变	核心声调忠实性	*LL.LL	不变调	*LL.L	* 轻声 H	OCP（whole tone）
☞LL.LH						*		
HH.LH			*!		**			
LH.LH					*!			*
HL.LH			*!		*			
LL.HL		*!	*		**			

表 8-17　T2+T2（HH.HH → HH.HH 不发生连读变调）

输入项：HH.HH	轻声	右不变	核心声调忠实性	*LL.LL	不变调	*LL.L	* 轻声 H	OCP（whole tone）
☞HH.HH								*
LL.HH			*!		**			
LH.HH			*!		*			
HL.HH					*!			
HH.LH		*!	*		*			

表 8-18　T3+T3（LH.LH → LH.LH 不发生连读变调）

输入项：LH.LH	轻声	右不变	核心声调忠实性	*LL.LL	不变调	*LL.L	* 轻声 H	OCP（whole tone）
☞LH.LH								*
HH.LH			*!		*			
LL.LH					*!	*		
HL.LH			*!		**			
LH.LL		*!			*			

表 8-19　T4+T1（HL.LL → HL.LL 不发生连读变调）

输入项：HL.LL	轻声	右不变	核心声调忠实性	*LL.LL	不变调	*LL.L	* 轻声 H	OCP（whole tone）
LL.LL			*!	*	*	*		*
☞HL.LL								
HH.LL					*!			
LH.LL			*!		**			
HL.LH		*!			*			

表 8-20　T4+T3（HL.LH → HL.LH 不发生连读变调）

输入项：HL.LH	轻声	右不变	核心声调忠实性	*LL.LL	不变调	*LL.L	* 轻声 H	OCP（whole tone）
LL.LH			*!	*	*	*		*
☞HL.LH								
HH.LH					*!			
LH.LH			*!		**			
HL.LL		*!			*			

结果表明，宿州方言的两字组连读变调和两字组轻声均可以用同一套制约条件和排序得到合理的解释。

第 9 章　宿州方言三字组连读变调与轻声

本章我们分析宿州方言三字组连读变调和三字组轻声现象。

9.1　三字组连读变调

宿州市方言有 4 个调类，因此三字组顺序有 4×4×4=64 种类型。分析三字调的调值的方法同分析单字调、双字调相同，同样都是利用脚本在 Praat 中提取出来，然后导入到 Excel 中对基频数据进行平均并代入 *T* 值公式中求 *T* 值。三字调的 *T* 值曲线如图 9-1（a）~ 图 9-1（p）。

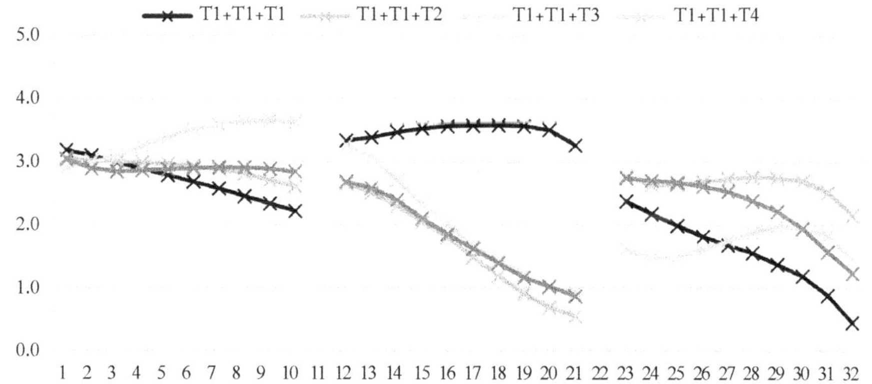

图 9-1（a）　T1+T1+TX 的 *T* 值曲线图

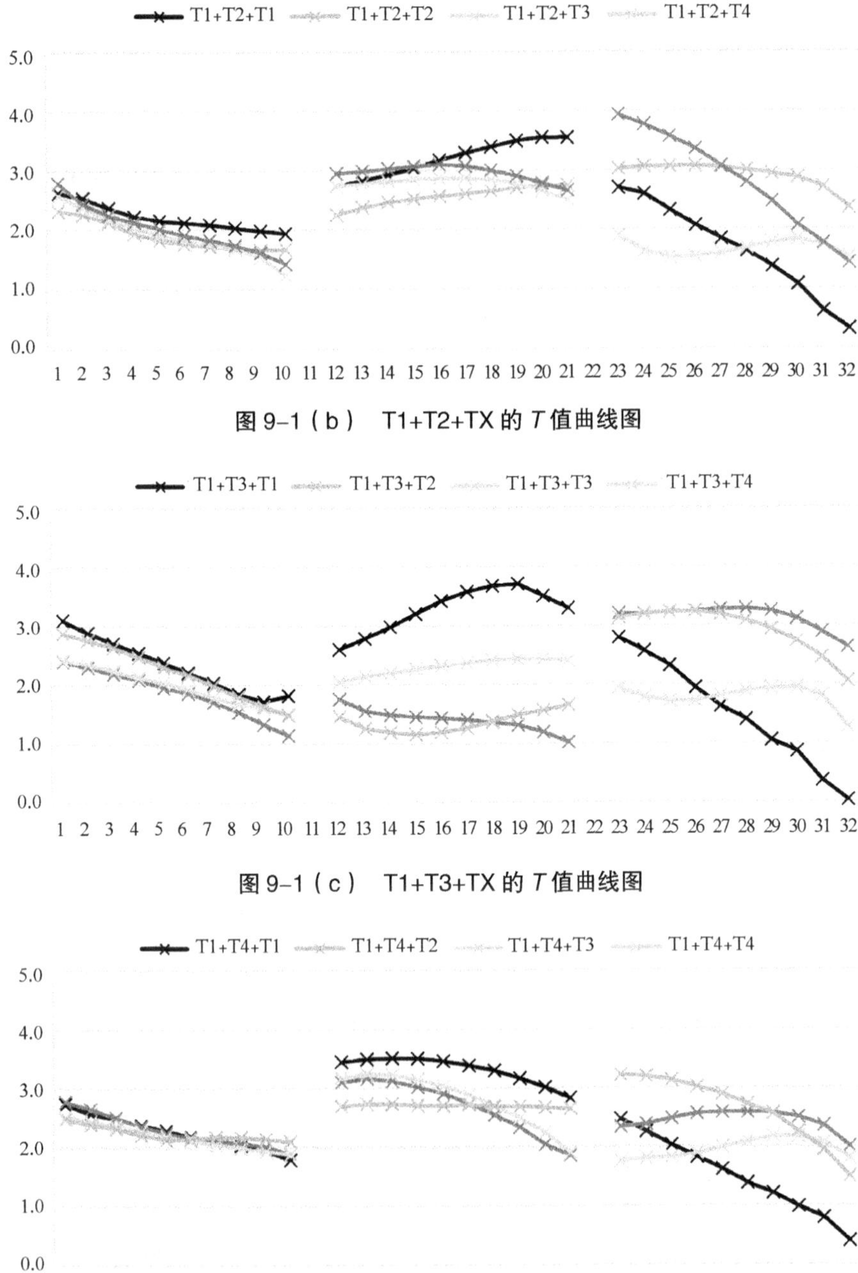

图 9-1（b） T1+T2+TX 的 *T* 值曲线图

图 9-1（c） T1+T3+TX 的 *T* 值曲线图

图 9-1（d） T1+T4+TX 的 *T* 值曲线图

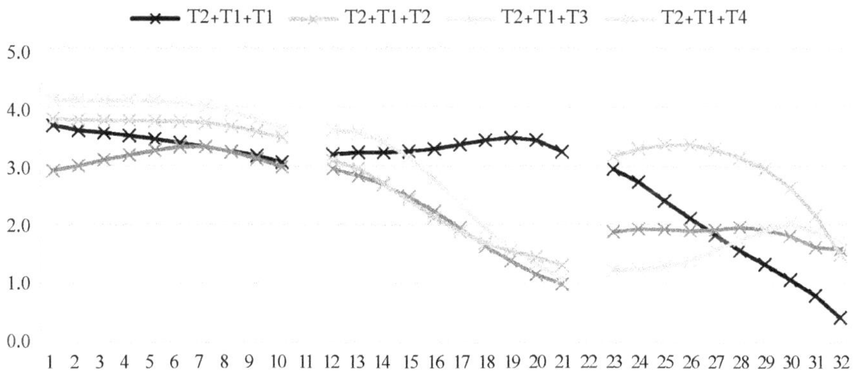

图 9-1（e）　T2+T1+TX 的 *T* 值曲线图

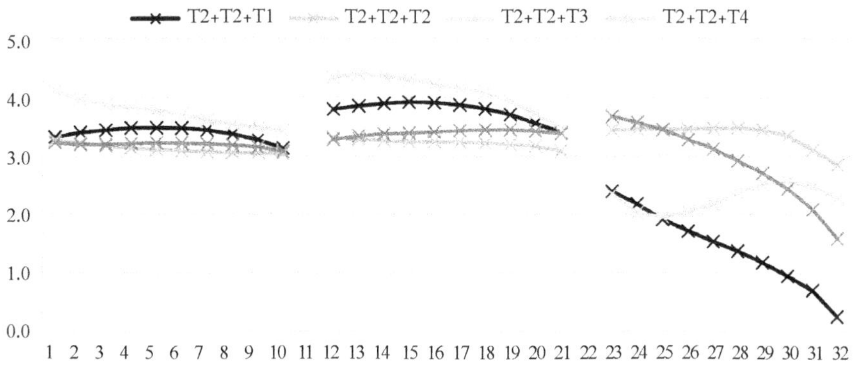

图 9-1（f）　T2+T2+TX 的 *T* 值曲线图

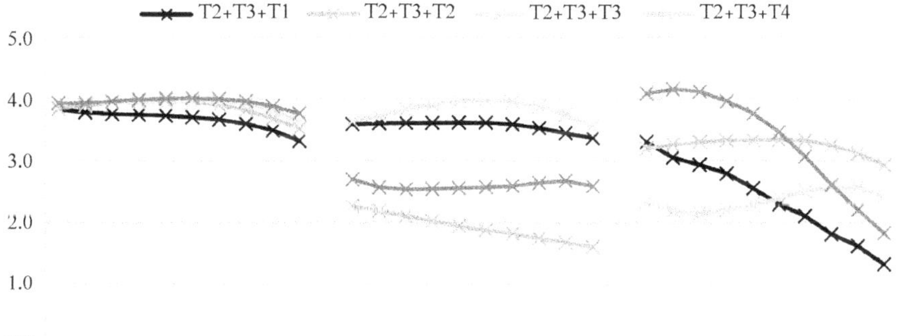

图 9-1（g）　T2+T3+TX 的 *T* 值曲线图

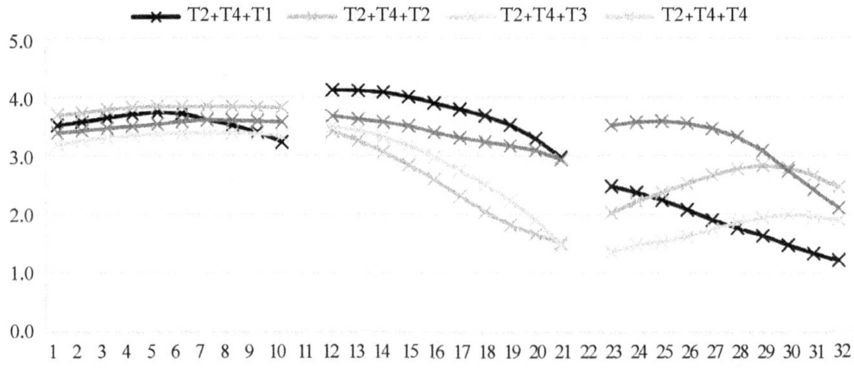

图 9–1（h） T2+T4+TX 的 *T* 值曲线图

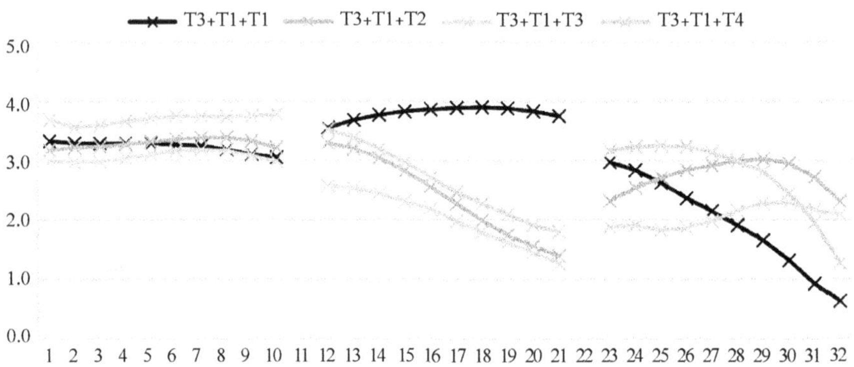

图 9–1（i） T3+T1+TX 的 *T* 值曲线图

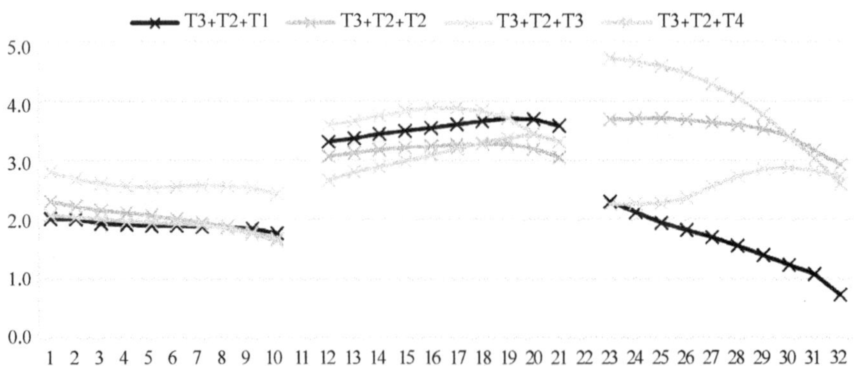

图 9–1（j） T3+T2+TX 的 *T* 值曲线图

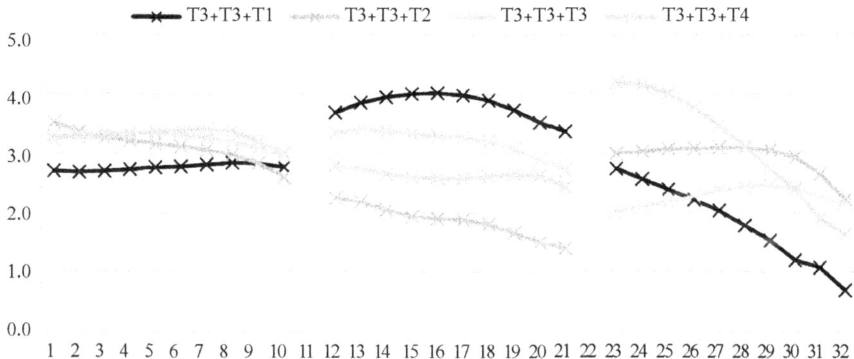

图 9-1（k）　T3+T3+TX 的 *T* 值曲线图

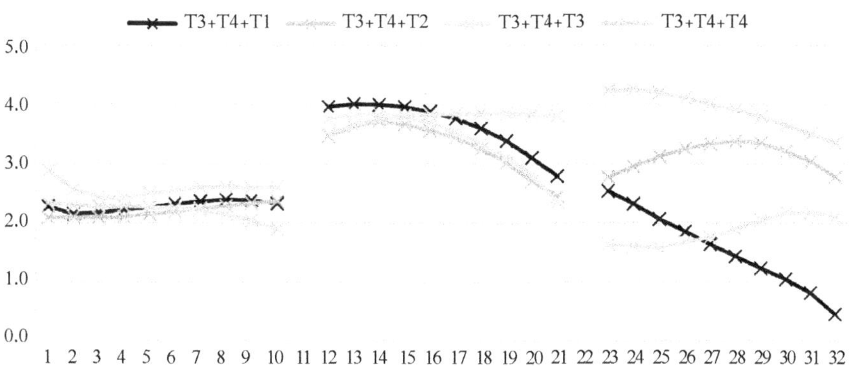

图 9-1（l）　T3+T4+TX 的 *T* 值曲线图

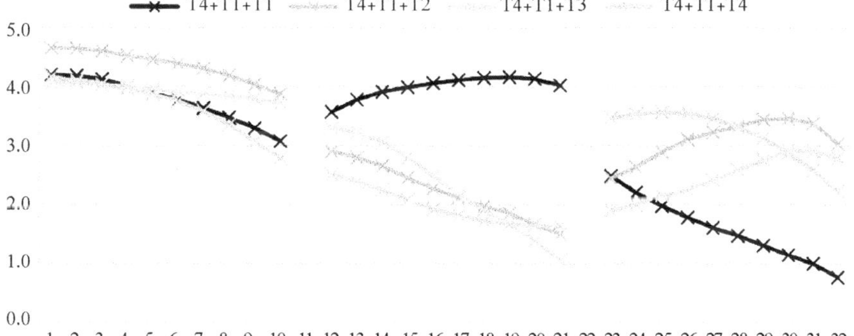

图 9-1（m）　T4+T1+TX 的 *T* 值曲线图

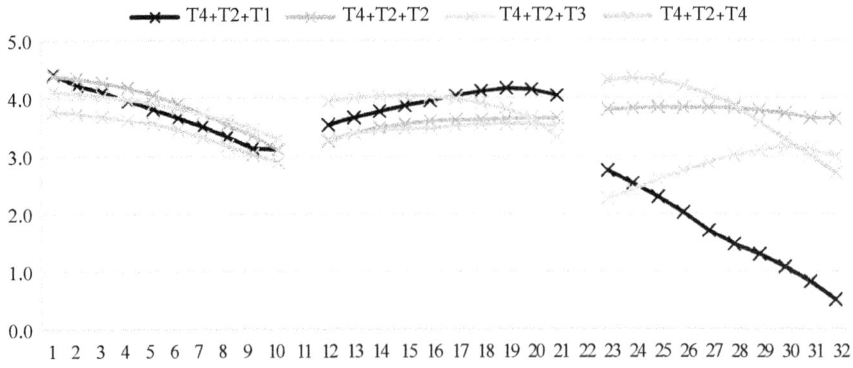

图 9-1（n） T4+T2+TX 的 *T* 值曲线图

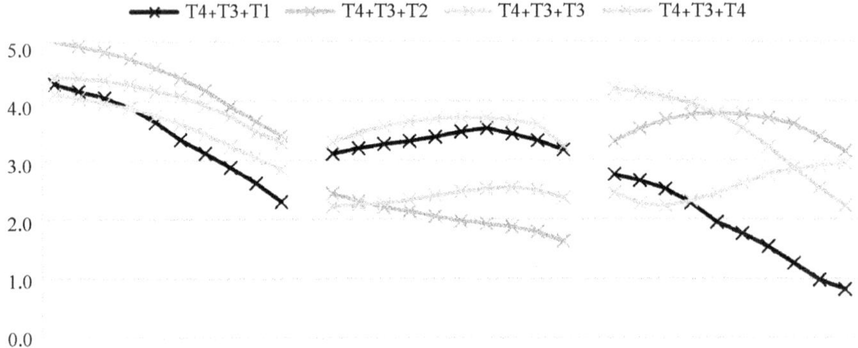

图 9-1（o） T4+T3+TX 的 *T* 值曲线图

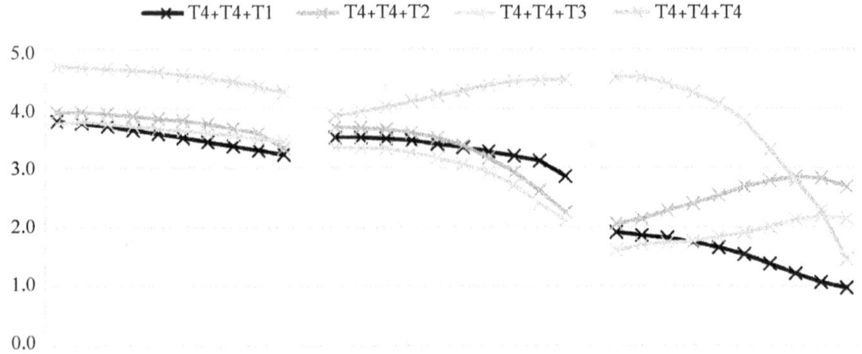

图 9-1（p） T4+T4+TX 的 *T* 值曲线图

通过分析 T 值曲线图得出宿州方言三字调的调值，具体见表 9–1。

表 9–1　宿州方言三字调的调值

调型		前字	中字	后字
T1+T1+TX	T1+T1+T1	43	44	31
	T1+T1+T2	43	31	33
	T1+T1+T3	34	42	23
	T1+T1+T4	43	31	32
T1+T2+TX	T1+T2+T1	32	34	31
	T1+T2+T2	32	33	44
	T1+T2+T3	32	33	22
	T1+T2+T4	32	33	31
T1+T3+TX	T1+T3+T1	32	34	31
	T1+T3+T2	32	22	43
	T1+T3+T3	32	33	22
	T1+T3+T4	32	22	42
T1+T4+TX	T1+T4+T1	32	43	31
	T1+T4+T2	32	42	33
	T1+T4+T3	32	42	23
	T1+T4+T4	32	33	42
T2+T1+TX	T2+T1+T1	44	44	31
	T2+T1+T2	34	32	22
	T2+T1+T3	54	42	23
	T2+T1+T4	44	32	42
T2+T2+TX	T2+T2+T1	44	44	31
	T2+T2+T2	44	44	44
	T2+T2+T3	54	54	23
	T2+T2+T4	44	44	42

续表

调型		前字	中字	后字
T2+T3+TX	T2+T3+T1	44	44	42
	T2+T3+T2	44	32	44
	T2+T3+T3	44	44	33
	T2+T3+T4	44	33	52
T2+T4+TX	T2+T4+T1	44	53	32
	T2+T4+T2	44	42	33
	T2+T4+T3	44	42	23
	T2+T4+T4	44	43	43
T3+T1+TX	T3+T1+T1	44	44	31
	T3+T1+T2	34	32	22
	T3+T1+T3	54	42	23
	T3+T1+T4	44	32	42
T3+T2+TX	T3+T2+T1	32	44	31
	T3+T2+T2	32	44	44
	T3+T2+T3	33	44	33
	T3+T2+T4	32	34	53
T3+T3+TX	T3+T3+T1	33	44	31
	T3+T3+T2	43	32	44
	T3+T3+T3	44	43	23
	T3+T3+T4	44	33	52
T3+T4+TX	T3+T4+T1	33	43	31
	T3+T4+T2	33	43	44
	T3+T4+T3	33	43	23
	T3+T4+T4	33	44	54

续表

调型		前字	中字	后字
T4+T1+TX	T4+T1+T1	54	45	31
	T4+T1+T2	54	32	34
	T4+T1+T3	54	42	23
	T4+T1+T4	53	32	43
T4+T2+TX	T4+T2+T1	54	45	31
	T4+T2+T2	54	44	44
	T4+T2+T3	54	44	34
	T4+T2+T4	43	44	53
T4+T3+TX	T4+T3+T1	53	44	31
	T4+T3+T2	54	32	44
	T4+T3+T3	53	44	34
	T4+T3+T4	54	33	53
T4+T4+TX	T4+T4+T1	44	43	21
	T4+T4+T2	44	43	33
	T4+T4+T3	44	43	23
	T4+T4+T4	55	45	52

在前面的章节中我们将宿州单字调调值归纳为：

阴平 21/31（LL），阳平 55/44（HH），上声 23/34（LH），去声 51/52（HL）。分析表 9-1 可发现宿州方言两字组中 T1+T1 → T3+T1 这一连读变调现象在三字组中的表现如下。

1）TX+T1+T1 结构。

① 数据显示 T1/T2/T3/T4+T1+T1 → T1/T2/T3/T4+44/45+T1，阴平前的阴平大多数变为了 44，相当于阳平的调值。因此，我们可以认为三字组中两个阴平处于后两字时，即 TX+T1+T1 时，阴平前面的阴平变为了阳平。

② 观察曲线图可以发现阴平前的阴平调值为 44 的几种情况下，声调曲线都呈上升趋势。虽然终点调值没有达到 5，但毕竟是一个上升趋势。当一个声调的调型保持不变时，调值上下波动 1 度不会影响调类结果。我们也可认为这个 44 或 45 是上声 34 的一个变体，因

为单字调上声的调型为升调，所以，变调结果也可记为 T1/T2/T3/T4+T1+T1 → T1/T2/T3/T4+T3+T1，即阴平前的阴平变为了上声。

因此，我们可以认为 TX+T1+T1 结构中，阴平前的阴平既可以认为是变成阳平，也可以认为是变成上声。

2）T1+T1+TX 结构。

① T1+T1+T1/T2/T4 中第一个阴平理论上是应该变调为上声的，但是数据显示其调值基本上为 43，没有变为上声。我们可以认为这个 43 是阴平 31 的变体，当阴平处于三字组的前字时，整个调值都向上提升，也就是说没有发生连读变调。如果我们把 43 看作是阳平 44 的变体，说明阴平在阴平前变为阳平。

② T1+T1+T3 → T3（34）+T1+T3。T1+T1+T3 结构中的第一个阴平变调为上声 34。

以上数据说明三字组中阴平 + 阴平变为上声 + 阴平同样存在；同时宿州方言中的连读变调是可变可不变的。或者也可能是宿州方言存在天津方言一样的新变调，即阴平 + 阴平可变为阳平 + 阴平。

9.2 三字组轻声

轻声字作为三字组的中字（S+N+S）的实验研究包含 44 个结构（重读音节 + 轻声音节 + 重读音节）的例词。我们之所以选择三字组结构是为了研究轻声前后两个音节是否对轻声音节的声调有影响。每一个音节的音高和时长仍然是我们的研究重点。

1. 音高

表 9-2 是 M2 和 F1 两位发音人在 S+N+S 结构中的调域。

表 9-2 M2 和 F1 两位发音人在 S+N+S 结构中的调域

发音人 \ 项目	最大值	最小值	差异
M2	253	111	142
F1	319	126	193

对 M2 来说，三字组结构中的调域比 S+N 中的广。F1 两种结构中的调域几乎相同。并且对于两位发音人而言，S+N+S 结构的调域比 S+S 结构的调域窄，比单字调的调域宽。

图 9-2 是 M2 和 F1 在 TX+T0+TX 中的调值曲线。

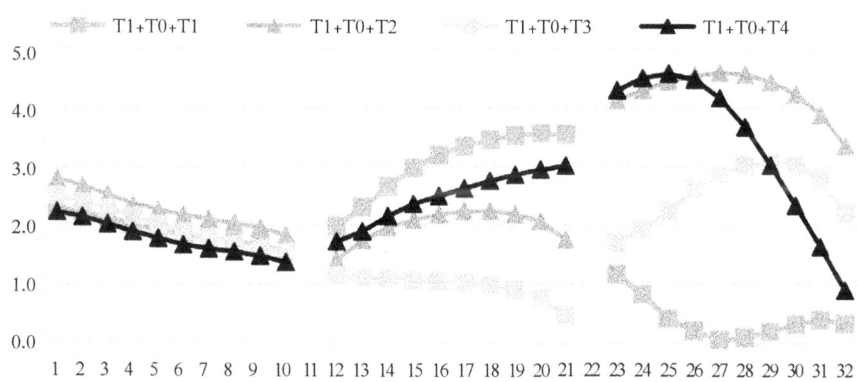

图 9-2（a）　M2 在 T1+T0+TX 中的调值曲线

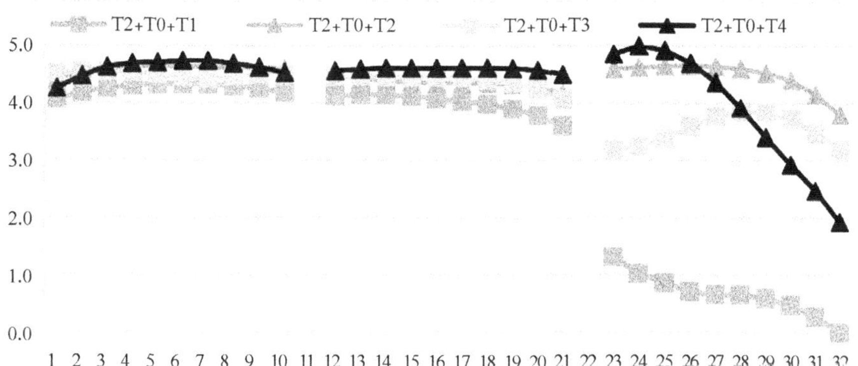

图 9-2（b）　M2 在 T2+T0+TX 中的调值曲线

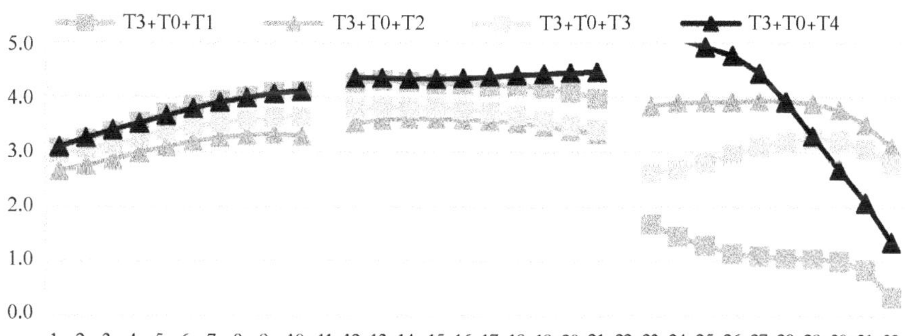

图 9-2（c）　M2 在 T3+T0+TX 中的调值曲线

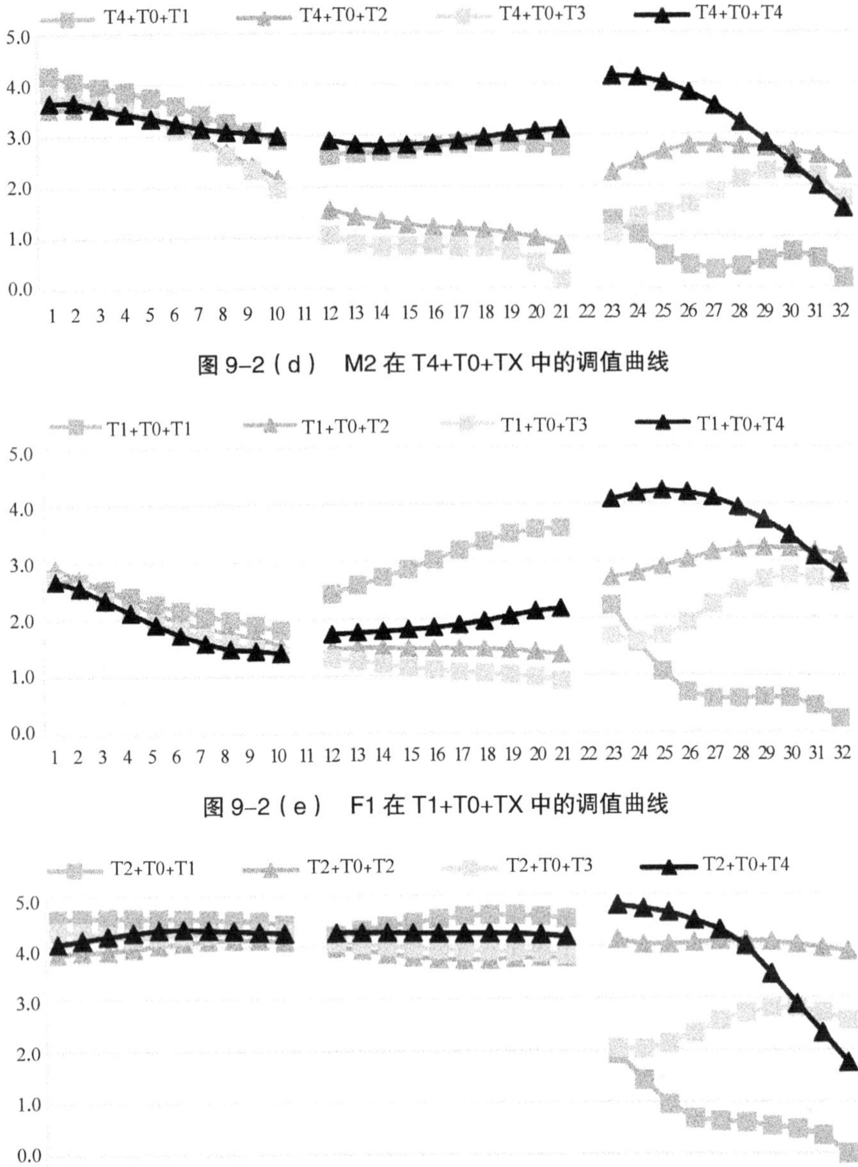

图 9-2（d） M2 在 T4+T0+TX 中的调值曲线

图 9-2（e） F1 在 T1+T0+TX 中的调值曲线

图 9-2（f） F1 在 T2+T0+TX 中的调值曲线

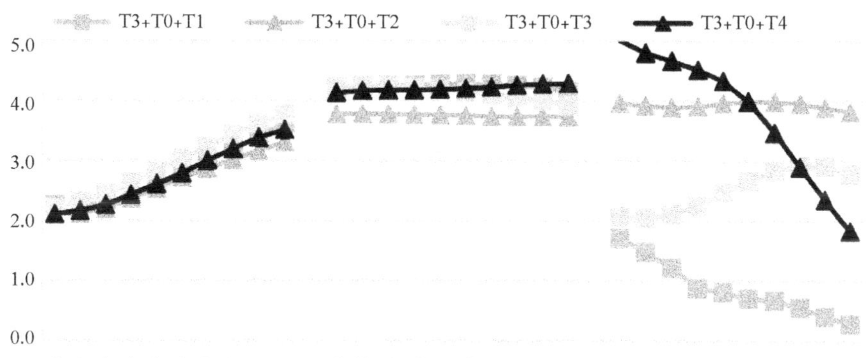

图 9-2（g）　F1 在 T3+T0+TX 中的调值曲线

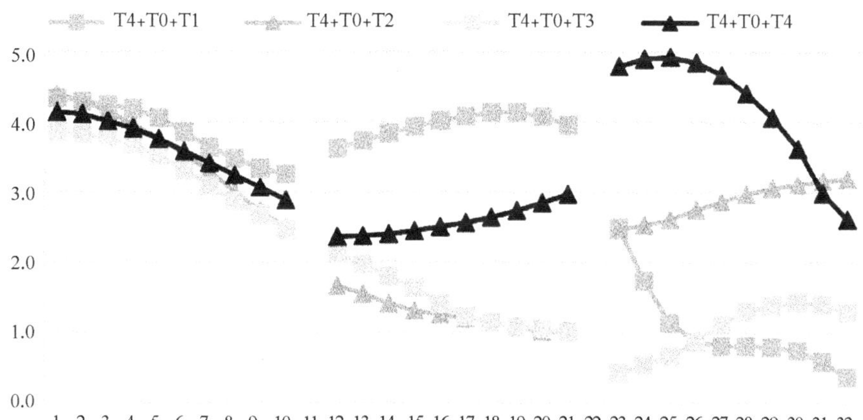

图 9-2（h）　F1 在 T4+T0+TX 中的调值曲线

通过观察调值曲线图，两位发音人在 TX+T0+ TX 中的具体调值在表 9-3 中被总结出来。

表 9-3（a）　T1+T0+TX 中的调值

发音人 \ 项目		T1+T0+T1	T1+T0+T2	T1+T0+T3	T1+T0+T4
M2	音高	32+34+21	32+3+55	32+21+243	32+23+52
F1		32+34+31	32+2+34	32+21+23	32+23+53

表 9-3（b） T2+T0+TX 中的调值

发音人 \ 项目		T2+T0+T1	T2+T0+T2	T2+T0+T3	T2+T0+T4
M2	音高	55+54+21	55+5+55	55+5+343	55+5+52
F1		55+5+21	45+4+55	55+5+23	55+5+52

表 9-3（c） T3+T0+TX 中的调值

发音人 \ 项目		T3+T0+T1	T3+T0+T2	T3+T0+T3	T3+T0+T4
M2	音高	45+5+21	34+4+44	34+4+343	45+5+52
F1		34+5+21	34+4+55	34+5+23	34+5+52

表 9-3（d） T4+T0+TX 中的调值

发音人 \ 项目		T4+T0+T1	T4+T0+T2	T4+T0+T3	T4+T0+T4
M2	音高	53+3+21	43+21+33	43+21+232	43+3+52
F1		54+45+31	53+2+34	43+32+23	53+3+53

TX+T0+TX 结构中关于调值的实验结果总结如下。

1）轻声起点

M2 和 F1 两位发音人中间轻声音节的起点音高都和前字终点音高一致，这种现象可以用声调延展或协同发音来解释。以 M2 发音人为例，在 T1+T0+TX 中，前字 T1 的终点音高为 2，中字轻声的起点音高也是 2；在 T2+T0+TX 和 T3+T0+TX 中，轻声起点音高和前字 T2/T3 的终点音高也一致，调值为 4 或 5；在 T4+T0+TX 中，前字 T4 终点音高为 3，轻声的起点音高也是 3 或 2。

2）轻声终点

在 TX+T0+T1 中，轻声终点多是高值 5 或 4，而后面的阴平却是 21 或 31。这是音系作用的表现。在 TX+T0+T2 中，轻声终点要么是延展起点的高值，如在 T2+T0+T2 和 T3+T0+T2 中，轻声音节的起点与终点音高都是高调，调值为 4 或 5，要么就是赋值一个音系上的缺省的低值，如在 T1/T4+T0+T2 中是 1 或 2。在 TX+T0+T3 中，轻声终点表现基本与在 TX+T0+T2 结构中相同，要么是延展起点的高值，如在 T2/T3+T0+T3 中，轻声音节的起点与终点音高都是高调，调值为 4 或 5，要么就是赋值一个音系上的缺省的低值，如在

T1/T4+T0+T3 中是 1 或 2。在 TX+T0+T4 中，终点表现也是如此。

总体讲，轻声的起点是语音学上的协同发音，终点是音系学上的相互作用。宿州方言轻声也会受到后字影响，当后字是低平的阴平时，轻声终点的音高却为高调；当后字是阳平、上声或去声时，轻声终点或是继续延展起点高调（前字为阳平或上声时），或是获取一个缺省的低值（前字为阴平或去声时）。

2. 时长

TX+T0+TX 结构的时长见表 9-4。

表 9-4（a）　T1+T0+TX 的时长

声调 \ 项目		T1+T0+T1	T1+T0+T2	T1+T0+T3	T1+T0+T4
时长	M2	87+93+202	106+123+175	80+113+189	89+87+160
	F1	112+89+200	137+78+173	111+78+220	136+80+136

表 9-4（b）　T2+T0+TX 的时长

声调 \ 项目		T2+T0+T1	T2+T0+T2	T2+T0+T3	T2+T0+T4
时长	M2	78+97+180	86+95+171	86+90+205	105+89+149
	F1	84+105+188	121+94+157	136+73+216	128+69+146

表 9-4（c）　T3+T0+TX 的时长

声调 \ 项目		T3+T0+T1	T3+T0+T2	T3+T0+T3	T3+T0+T4
时长	M2	92+111+199	95+98+166	81+106+208	81+103+171
	F1	136+80+146	116+85+161	127+84+212	124+77+140

表 9-4（d）　T4+T0+TX 的时长

声调 \ 项目		T4+T0+T1	T4+T0+T2	T4+T0+T3	T4+T0+T4
时长	M2	78+71+220	103+105+174	98+107+183	99+88+155
	F1	125+82+251	106+101+163	105+118+192	117+89+133

从表 9-4 可见，M2 和 F1 都是后字的时长最长；M2 中字轻声的时长总的来说和前字

的时长相同；F1 轻声的时长最短。M2 轻声时长相对较长，可能是由于 M2 发音语速较慢。

M2 在 TX+T0+TX 结构中的平均时长分别为 90 毫秒、99 毫秒和 182 毫秒。F1 在 TX+T0+TX 结构中的平均时长分别为 120 毫秒、86 毫秒和 177 毫秒。

如果我们把轻声的时长记作 1，前中后字的时长比例如下：

M2：TX：T0：TX = 0.91：1：1.84

F1 ：TX：T0：TX = 1.40：1：2.06

M2 轻声的时长是前字时长的 101%，是后字时长的 54%。F1 轻声的时长是前字时长的 72%，是后字时长的 49%。两位发音人 TX+T0+TX 结构标准化后的时长如图 9–3 所示。

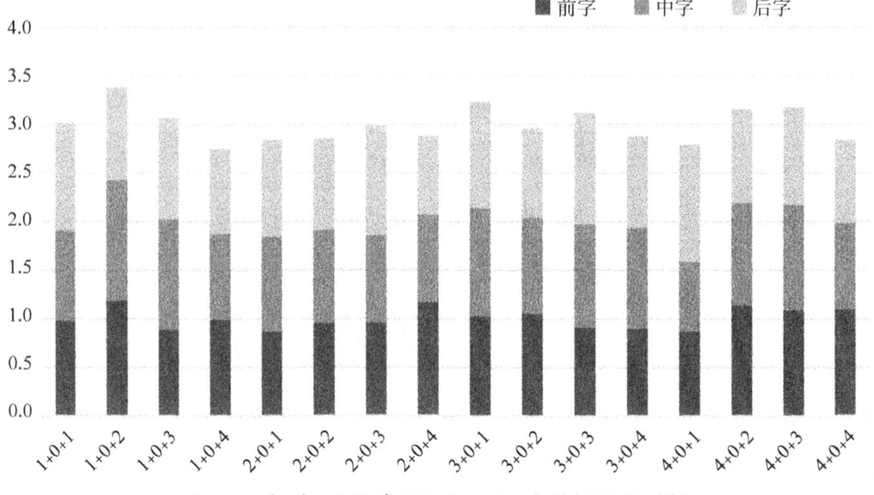

图 9–3（a） M2 在 TX+T0+TX 中的标准化时长

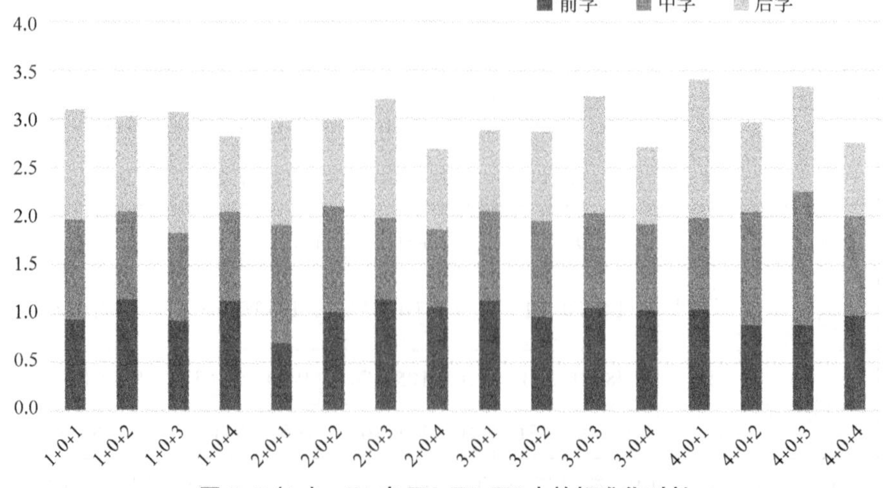

图 9–3（b） F1 在 TX+T0+TX 中的标准化时长

图 9–3（a）显示 T1+T0+T2 的总时长最长，一般来说，TX+T0+T1/T2/T3 的总时长比 TX+T0+T4 总时长要长。

图 9–3（b）显示 T4+T0+T1 的总时长最长。和 M2 相似，F1 的 TX+T0+T4 的时长和其他结构相比也较短。

总体来讲，在三字组 TX+T0+TX 结构中，中间的轻声字的时长与前字时长差不多，但比后字时长明显短，约为其一半。

第 10 章　天津方言与宿州方言声调比较

前面章节我们分别分析了天津方言和宿州方言的声调和连读变调，并用优选论方法对其连读变调进行了音系分析。本章我们将对比两个方言的声调、连读变调和触发连读变调的机制，以从声调层面确定天津话的语源是否为宿州方言。

10.1　单字调

天津话有四个单字调包括阴平、阳平、上声和去声。老派天津话的四个单字调调值分别是：阴平为低平调（11 或 21），阳平为高平调（55 或 45），上声为曲折调（213 或 214），去声为降调（51 或 53）。本实验所得四个声调（新派天津话）的调值为阴平 41，阳平 45，上声 214，去声 53。

宿州话有四个单字调：阴平、阳平、上声和去声。已有文献说四个单字调调值分别是：阴平 212/213，阳平 55/44，上声 324/24，去声 53/51。本实验所得四个声调的调值为阴平 21/31、阳平 55/44、上声 23/34、去声 51/52。

如果我们将老派天津话和宿州话单字调结果列表（见表 10–1），我们可以很容易发现这两种方言在单字调方面很接近。

表 10-1 单字调的比较

	天津方言		宿州方言		
	老派调值	音系表征	已有文献调值	本研究调值	音系表征
阴平	21/11	LL	213/212	31/21	LL
阳平	55/45	HH	55/44	55/44	HH
上声	213/214	LH	324/24	23/24	LH
去声	53/51	HL	53/51	52/51	HL

很明显，天津话阴平是低平调，宿州话原来是一个降升调，但本研究表明它是一个低降调，类似于一个低平调，在音系表达上都是一个低平调（LL）。阳平都为高平调（HH），调值与天津话阳平很接近；上声天津话是一个降升调，宿州方言中多将其描写为一个升调，但也有人得到的数据是一个降升调，音系上可以同样看作升调（LH）；去声都为高降调（HL），调值近乎一样。

另外，根据本研究实验天津话阴平起点的调值逐步抬高，甚至达到 4，而观察本研究对于宿州方言阴平的描写其起点也有升高趋势，部分发音人可以达到 3。这两种方言在声调调值上具有许多相似之处。

10.2 连读变调

天津方言连读变调属于邻接逆异化音变的类型。也就是说某两种声调的字连接，前面的字的声调发生变调，后面字的声调不变。宿州方言的变调也是如此。

根据前人研究老派天津话存在有四种连读变调，分别是：

阴平 + 阴平→上声 + 阴平（T1+T1 → T3+T1）；

上声 + 上声→阳平 + 上声（T3+T3 → T2+T3）；

去声 + 去声→阴平 + 去声（T4+T4 → T1+T4）；

去声 + 阴平→阳平 + 阴平（T4+T1 → T2+T1）。

根据我们的实验结果在四条传统连读变调中，阴平 + 阴平，上声 + 上声，这两种变调还存在，但其中阴平 + 阴平不再变为上声 + 阴平，多变为阳平 + 阴平，去声 + 去声偶尔出现变调，在青年发音人中已经基本消失了。

根据我们的实验，宿州方言中，只有一种严格意义上的变调，那就是：

阴平 + 阴平→上声 + 阴平（T1+T1 → T3+T1）。

这一变调现象是同天津话一样的。但宿州方言中缺乏天津话中的另外三种变调，如果我们认为天津话已经不存在去声 + 去声变调了，那宿州方言也是比天津话少了两种变调。

10.3　新的连读变调

根据路继伦（1997）和最近关于天津话的实验，天津方言中阴平 + 阴平这一连读变调现象还存在，但变调结果改了，阴平前的阴平不再变为上声，而是变为阳平。

产生新的变调结果的原因一是阳平调稳定的作用。阳平调很稳定，它只作变调结果，不作变调条件。阳平调的稳定性继续起作用，影响着其他变调结果向阳平转化。其次，是经济原则，新的变调结果比原变调结果更经济省力，避免了循环变调的问题。另外，是清晰原则。再有，恐怕也是主要原因，就是普通话的影响。就天津话的声调而言，学习普通话，只要把阴平的低平调读成高平就是了。

这种新变调的趋势在宿州方言中似乎也存在。两个阴平在一起时，本来应该前字阴平变为上声的。通过分析宿州方言三字组中连读变调的表现，我们可以发现在 TX+T1+T1 结构中阴平前的阴平大多数变为 44，相当于阳平的调值。因此，我们可以认为三字组中两个阴平处于后两字时，即 TX+T1+T1 时，阴平前面的阴平变为阳平。在 T1+T1+T1/T2/T4 中第一个阴平理论上是应该变调为上声的，但是数据显示其调值基本上为 43，没有变为上声。如果我们把 43 看作阳平 44 的变体，说明阴平在阴平前变为了阳平。

或许宿州方言也同天津话一样，存在一样的新变调，即阴平 + 阴平不再变为上声 + 阴平而可变为阳平 + 阴平。

10.4　制约条件

在用优选论分析天津话连读变调时，王嘉龄（2002）制定了如下制约条件。

①“不变调”：输入项的每个声调的两个声调特征在输出项中均保持不变。

②“不删除”：输入项中的每个声调特征要在输出项中保留。

③“不增添”：输出项中的每个声调特征是输入项中原来就有的。

④“右不变”：两字组中的后字保持不变调。

⑤“相同曲拱制约条件”（*XY.XY）：禁止两个相同的曲折调（非平调）相邻。

⑥“连续低调制约条件”（*L.LL）：禁止两个 L 值的调前面再出现 L 值。

⑦“邻调制约条件”（*X.X）：前字调的后一个声调特征与后字调的前一个声调特征不能相同。

在分析宿州方言连读变调时，我们制定的制约条件如下。

①“不删除”：输入项中的每个声调特征要在输出项中保留。

②“不增添”：输出项中的每个声调特征是输入项中原来就有的。

③“右字调不变”（简称“右字调”）：两字组中右边音节的声调特征保持不变。

④“不变调”：底层形式和表层形式中的任一声调或声调特征必须保持一致。

⑤“核心声调忠实性”（faith nuclear tone）：核心声调不发生改变。

⑥“相同曲拱条件”（OCP（whole tone））：两个完全相同的声调不能相邻。

⑦“*LL.LL”：两个低平调不能相邻。

分析上面的制约条件我们发现两个方言中“不变调”“不删除”“不增添”“右不变”这几个忠实性制约条件是相同的。标记性制约条件中两个方言都有“相同曲拱制约条件”，表面是相同的，但其内涵不一致。天津话是说两个相同的曲折调不能相邻，而宿州话是说两个相同调不能相邻。但宿州话的这一制约条件与我们后来修订的“*X 调 .X 调”相同。其他的标记性制约条件就不相同了。

① 天津话中“连续低调制约条件”是禁止两个 L 值的调前面再出现 L 值，即禁止 L.LL 出现。它既解决了两个阴平（LL+LL）要变调，也说明去声 + 阴平（HL+LL）是需要变调的；而宿州话中虽然也有禁止连续低调制约条件“*LL.LL”，但它是说两个低平调不能相邻，换句话说是允许去声 + 阴平（HL+LL）的。

② 宿州话中有一个“核心声调忠实性”（faith nuclear tone）标记性制约条件，是说核心声调不发生改变，即前字两个调值中左边的调值不能改变；而在天津话中不存在这样一条制约条件。天津话中左边的调值也是可以改变的，如上声 + 上声→阳平 + 上声（LH+LH → HH+LH），去声 + 去声→阴平 + 去声（HL+HL → LL+HL）等。

③ 天津话中有“邻调制约条件”（*y 值 .y 值）这样的制约条件，是说前字调的后一个声调特征与后字调的前一个声调特征不能相同，如两个阴平（LL+LL），去声 + 阴平（HL+LL）是需要变调的；但在宿州话中没有这一制约条件，去声 + 阴平（HL+LL）是不变调的。

以上说明虽然天津话和宿州话中阴平 + 阴平都产生连读变调，并且都变为上声，也可以认为其是不允许两个低平调相邻的。但音系分析上看天津方言和宿州方言触发连读变调的音系原因是不尽相同的。天津话是禁止 L.LL，宿州话禁止 LL.LL。另外，天津话中禁止两个相同的调相邻，表现非常明显，四个声调中有三个不允许相邻；而在宿州话中却没有这样的要求，只是两个阴平不能相邻。

10.5 轻声

① 天津方言二字组中轻声音节的时长大约只有前面非轻声的一半，大多数情况下甚至比前面音节的一半还要短。天津方言的轻声在“重 + 轻 + 重”三字组中，轻声时长仍然只是非轻声字的一半左右。在前字或后字不同的情况下，轻声音节的时长并无明显差别。

天津方言轻声在不同音节后面音高不同，在二字组中轻声的音高受前字影响，轻声在阴平、去声后面音高为低平或低降，调值分别是 11 或 21。轻声在上声、阳平后面是中降，音高起点要比在阴平和去声后高，这是受前字终点音高的影响。音系上我们只描写轻声的终点，在二字组中轻声的终点均为低。在三字组中轻声的起点也与前字终点协同发音，轻声终点在阴平前为高，在其他地方为低。

② 宿州市方言的轻声并不总是又轻又短，两字组中轻声时长与非轻声字时长无大差别。“重 + 轻 + 重”三字组中轻声的时长是与前字时长相近的，但与后字时长相比大约是其一半。

宿州方言中轻声的起点是与前字终点协同发音的，但轻声终点表现不一，其音高在阴平后是 3，可被视为中调；在阳平 / 上声 / 去声后，终点音高是 1 或 2，可被视为低调。对比四种 TX+T0 结构，阴平 + 轻声最特殊。因为只有在阴平 + 轻声中，轻声是一个升调，在其他三种结构中，轻声的调型是降调。三字组中轻声起点音高都和前字终点音高一致，轻声终点在 TX+T0+T1 中多是高值 5 或 4，即后字是低平的阴平时是一个高调。在 TX+T0+其他声调字时，轻声终点要么是延展起点的高值，要么就是赋值一个音系上的缺省的低值，也就是说轻声终点或是高或是低，并不固定。

总体讲，天津方言轻声的时长总是非轻声字的一半，而宿州方言轻声的时长与非轻声字时长无大差别，只有在三字组中间的轻声才是后字的一半。音高上看，轻声的起点是语音学上的协同发音，终点是音系学上的相互作用。两字组中宿州方言轻声在阴平后为升调，而天津话中轻声总是表现为一个低调；天津话和宿州话一样，轻声也会受到后字影响，当后字是低平的阴平时，轻声终点的音高却为高调；但当后字是其他调时，天津话和宿州话表现就不一样了。天津话中轻声是低调，而宿州话中轻声终点有的是继续延展起点高调，有的是获取一个缺省的低值。

10.6 结论

关于天津方言的语源说法不一。李世瑜、韩根东（1991，1992）等提出了“天津方言岛”说，确定天津方言的“母方言”就是来自以安徽宿州为中心的广大淮北平原的方言。但也有学者，如王临惠等（2009），认为天津方言来自淮北平原的宿州、固镇一带的方言的说法证据不足，天津方言的“母方言”不可能是以宿州、固镇为中心的淮北平原上的方言，二者之间不存在血缘关系。尽管各种说法从历史人口分布、词汇、语音格局等方面加以论证，但天津方言的母方言是否为安徽宿州一带方言尚无统一明确定论。本研究以实验语音学研究方法，系统考察了天津方言和宿州方言的声调系统和连读变调情况，并用音系学理论——优选论对两种方言进行了音系分析。

经过分析我们认为从声调、连读变调以及优选论分析情况来看天津方言和宿州方言存在如下关联和不同。

① 单字调相似。天津话和宿州话都有四个单字调，阴平、阳平、上声和去声；从调值情况看天津话阴平为低平调，宿州话的传统记载中多为曲折调，但本研究显示宿州话的阴平音系学上也是低平调，调值也同天津话阴平相似；阳平都为高平调，调值也相似；上声不尽相同，天津话上声为曲折调（213 或 214），而宿州话上声多认为是升调（23/34），只有个别记载为曲折调（324）；去声都为降调，调值也相似；从单字调的相似性方面来看天津方言的语源是宿州方言具有较大可能性。

② 变调数目不同。天津话存在四种连读变调，特别是四种声调中有三种是不允许同调相邻的，是要发生连读变调的。而在宿州方言中只有两个阴平相连时发生连读变调，其余均不发生连读变调，宿州方言比天津话少了三个连读变调现象。就这点来看天津话源自宿州方言之说受到质疑。

③ 音系分析不同。优选论方法对两种方言的分析显示制约条件不同。虽然两种语言的忠实性制约条件一样，但这些制约条件同样适用于其他方言的连读变调解释，标记性制约条件却有着本质上的不同。实际上宿州方言中起到至关重要的标记性制约条件是“核心声

调忠实性”（前字两个声调特征中的第一个特征不能改变）和“*LL.LL”（两个低平调不能相邻）。而这两条在天津话连读变调的优选论分析中是不存在的，或是说排序很靠后并不起重要作用的。标记性制约条件及其排序的不同是区分不同方言的重要标志。从这一点上看两种方言不是同一种方言，或者说天津话来自宿州话的说法不能得到支持。

④ 轻声类似又不同。天津方言轻声的时长是非轻声字的一半，而宿州方言轻声的时长同非轻声字时长无大差别，只有三字组中间的轻声才是后字的一半。两字组中宿州方言轻声在阴平后为升调（或叫作高调），在其他调的字后是降调（或叫作低调），而天津话中两字组中轻声总是表现为一个低调；天津话和宿州话一样轻声都会受到后字影响，当后字是低平的阴平时，轻声终点的音高为高调；但当后字是其他调时，天津话和宿州话表现就不一样了。天津话中轻声是低调，而宿州话中轻声终点有的是高调，有的是低调，具有随意性。就轻声表现而言，不能很好地支持天津话源自宿州话的假说。

综上所述，从声调系统、连读变调情况和优选论音系分析上看，天津方言和宿州方言既有相似之点又有不同之处，天津话源自宿州话的假说不能得到很好的支持。

参考文献

[1] 安徽省志地方志编纂委员会 . 安徽省志·方言志 [M]. 北京：方志出版社，1997.

[2] 白纯 . 自主音段音系学理论 [J]. 学术交流，2003（4）.

[3] 包智明 . 生成音系学理论及其应用 [M]. 北京：中国社会科学出版社，1997.

[4] 曹剑芬 . 普通话轻声音节特性分析 [J]. 应用声学，1985（4）.

[5] 曹剑芬 . 连读变调与轻重对立 [J]. 中国语文，1995（4）.

[6] 辞海编辑委员会编 . 辞海 [M]. 上海：上海辞书出版社，1979.

[7] 贡贵训 . 安徽官话方言研究评述 [J]. 时代文学，2008（6）.

[8] 贡贵训 . 安徽淮河流域方言语音比较研究 [D]. 保定 : 河北大学，2011.

[9] 郭辉，郭迪迪 . 皖北濉溪方言的连读变调 [J]. 淮北职业技术学院学报，2014，13（5）.

[10] 郭承铭 . 天津方言的声调系统及其对于英语语调学习的影响 [D]. 天津：天津师范大学，1981.

[11] 韩根东 . 天津方言 [M]. 北京：北京燕山出版社，1993.

[12] 贺巍 . 河南山东皖北苏北的官话（稿）[J] . 方言，1985（3）.

[13] 贺巍 . 中原官话分区（稿）[J]. 方言，2005（2）.

[14] 贺俊杰 . “天津话连读变调之谜”再探 [J]. 南开语言学刊，2010（2）.

[15] 黄良喜，严修鸿，陈渊泉 . 疑难与路向——论天津方言的连读变调 [M]. 北京：商务印书馆，2005.

[16] 蒋桂芹，宋信强 . 河南永城方言和普通话声韵调的比较 [J]. 现代语文，2007（3）.

[17] 焦伟娜 . 安徽亳州方言的文白异读探析 [J]. 淮南师范学院学报，2017，19（3）.

[18] 李世瑜 . 说天津话的人怎样学习普通话 [J] . 中国语文，1956（4）.

[19] 李世瑜，韩根东 . 略论天津方言岛 [J]. 天津师范大学学报，1991（2）.

[20] 李世瑜，韩根东 . 天津方言岛的语音探讨 [J]. 天津师范大学学报，1992（3）.

[21] 李行健、刘思训 . 天津方言的连读变调 [J] . 中国语文，1985（1）.

[22] 林茂灿、颜景助 . 北京话轻声的声学性质 [J]. 方言，1980（2）.

[23] 林茂灿、颜景助 . 普通话四音节词和短语中声调协同发音模式 [J]. 声学学报，1992（6）.

[24] 林焘 . 探讨北京话轻声性质的初步试验 [J]. 语言学论丛，1983（10）..

[25] 林焘，王理嘉 . 语音学教程 [M]. 北京：北京大学出版社，1992.

[26] 刘俐李 .20 世纪汉语轻声研究综述 [J]. 语文研究，2002（3）.

[27] 陆侠 . 安徽蒙城方言声韵调及其特点 [J]. 现代语文，2017（4）.

[28] 路继伦 . 天津方言中一种新的连读变调 [J] . 天津师范大学学报，1997（4）.

[29] 路继伦，王嘉龄 . 关于轻声的界定 [J]. 当代语言学，2005（2）.

[30] 路继伦，王嘉龄等 . 汉语轻声的优选论分析 [M] . 天津：天津大学出版社，2012.

[31] 罗常培，王均 . 普通语音学纲要 [M]. 北京：科学出版社，1956.

[32] 马秋武 . “天津话连读变调之谜”的优选论解释 [J]. 中国语文，2005（6）.

[33] 马秋武 . 再论“天津话连续变调之谜”[J]. 当代语言学，2005（2）.

[34] 马秋武 . 优选论 [M]. 上海：上海教育出版社，2008.

[35] 马秋武、贾媛 . 天津话上声的两条“变调规则”辨析 [J]. 天津师大学报（社会科学版），2006（1）.

[36] 庞可慧 . 河南睢县方言音系 [J]. 商丘职业技术学院学报，2013，12（1）.

[37] 彭宗平 . 双音节三音节语词中轻声声调调型的初步测试 [D]. 北京：北京师范大学，1993.

[38] 石锋 . 天津方言双字组声调分析 [J]. 武汉 : 语言研究，1986（1）.

[39] 石锋 . 天津话单字调分析 [J]. 语言研究论丛，1987（4）.

[40] 石锋 . 试论天津话的声调及其变化 [J]. 北京：中国语文，1988（5）.

[41] 石锋 . 再论天津话的声调及其变化 [J]. 北京：语言研究，1990（2）.

[42] 石锋 . 语音学探微 [M]. 北京：北京大学出版社，1990.

[43] 石锋，王萍 . 天津话声调的新变化 [c]// 沈钟伟，石锋 . 乐在其中：王士元教授七十华诞庆祝文集 . 天津：南开大学出版社，2004.

[44] 宿州市地方志编纂委员 . 宿州市志 [M]. 上海：上海古籍出版社，1991.

[45] 谭馥 . 也谈天津方言的连读变调 [J]. 中国语文，1986（6）.

[46] 谭汝为 . 天津方言的源流、文化特质及其对天津城市性格的影响 [J]. 通化师范学院学报，2012,（33）5.

[47] 唐爱华，王临惠，蒋宗霞 . 安徽宿州方言音系 [J]. 宿州学院学报，2015，30（6）.

[48] 唐丽丽 . 试论安徽方言分布的特点 [J]. 长春工业大学学报，2011，23（3）.

[49] 王光汉 . 论天津方言岛的形成因于淮军 [J]. 合肥学院学报，2012，（29）4.

[50] 王嘉龄 . 优选论 [J]. 国外语言学，1995（1）.

[51] 王嘉龄 . 词汇音系学 [J]. 国外语言学，1987（2）.

[52] 王嘉龄 . 优选论和天津话的连读变调及轻声 [J]. 中国语文，2002（4）.

[53] 王嘉龄，姜晖 . 天津话轻声的语音性质与音系分析 [c]// 中国语文编辑部 . 庆祝中国社会科学院语言研究所建所 45 周年学术论文集 . 北京：商务印书馆，1997.

[54] 王理嘉 . 二十世纪的中国语音学和语音研究 [c]// 刘坚 . 二十世纪的中国语言学 . 北京：北京大学出版社，1998.

[55] 王临惠 . 天津方言阴平调值的演变过程：兼论天津方言的源流关系 [J]. 中国语文，2012（1）.

[56] 王临惠，蒋宗霞，唐爱华 . 关于天津方言语音演变的几个问题的讨论：兼论天津方言的源流关系 [J]. 语文研究，2009（3）.

[57] 王晓梅 . 天津话声调的变化 [J]. 现代语文 : 语言研究，2011（5）.

[58] 吴宗济、林茂灿 . 实验语音学概要 [M]. 北京：高等教育出版社，1989.

[59] 现代汉语词典·汉英双语版 [M]. 北京：外语教学与研究出版社，2002.

[60] 徐世荣 . 普通话语音知识 [M]. 北京：文字改革出版社 .1980.

[61] 闫小斌 . 候选项链理论与天津话连读变调之谜研究 [J]. 东方论坛，2016（2）.

[62] 游汝杰，杨剑桥 . 吴语声调的实验研究 [M]. 北京：复旦大学出版社，2001.

[63] 曾晓渝 . 论天津话的源流 [J]. 南开语言学刊，2010（2）.

[64] 赵杰 . 宿州方言音系分析 [J]. 宿州学院学报，2014，19（10）.

[65] 赵日新 . 安徽省的汉语方言 [J]. 方言，2008（4）.

[66] 赵元任 . 国语罗马字研究 [J]. 国语月刊，1922，（1）7.

[67] 中国社会科学院语言研究所 . 方言调查字表 [M]. 北京：商务印书馆 .2002.

[68] 钟荣富 . 优选论与汉语的音系 [J]. 国外语言学，1995（3）.

[69] 朱晓农 . 上海声调实验录 [M]. 上海：上海教育出版社，2005.

[70] 朱晓农 . 语音学 [M]. 北京：商务印书馆，2010.

[71] Chao，Yuan Ren.A grammar of spoken Chinese[M].Berkeley: University of Berkeley Press.1968.

[72] Chomsky，N.& M.Halle 1968.The Sound Pattern of English[M].New York: Harper & Row.

[73] Davision，D.S.The Analysis of Retroflexible Onset in Tianjin Dialect[J].Paper presented at the 15th

international conference sino-tibetan languages and linguistics, 1982.

[74] Goldsmith, J.Autosegmental Phonology[M].MIT PhD dissertation, 1976.

[75] Goldsmith, J.ed.The Handbook of Phonological Theory[M].Oxford: Blackwell, 1995.

[76] Gussenhoven C.& H.Jacobs.Understanding Phonology[M].Foreign Language Teaching and Research Press, 2001.

[77] Jiang Hui.The Phonetic Description of Neutral Tone in Tianjin Dialect.M.A.thesis[D].Tianjin :Tianjin Normal University,1994.

[78] Li, Qian & Chen, Yiya.An acoustic study of contextual tonal variation in Tianjin Mandarin[J].Journal of Phonetics, 2016（54）.

[79] Moira, Yip.Tone[M].Cambridge: Cambridge University Press, 2002.

[80] Wee, Lian-Hee.Inter-tier Correspondence Theory[D].New Brunswick: Rutgers University, 1986.

[81] Zhang, Jie&Liu, Jiang.Tone sandhi and tonal coarticulation in Tianjin Chinese[J].Phonetica, 2011, 68（3）.